청년다움

청년다움

퇴사하겠다고 말을 꺼낸 그 순간, 나의 운명은 완전히 바뀌었다.
도전하는 청년만이 자신의 미래를 바꾼다!

신영재 지음

두드림미디어

프롤로그

제 청년 시절을 되돌아보면 희망이기도 하고 고통이기도 한 시간이었습니다.

인생에 정답이란 게 있다면 누군가 알려주면 좋겠다는 생각도 했습니다.

여러분의 마음도 경험해보지 못한 미래에 대한 설렘과 두려움이

함께하리라 생각합니다. 더구나 여러분이 맞이할 미래는 과거

어느 때보다 불확실합니다.

저 역시 여러분께 답을 드릴 수는 없습니다.

다만 청춘을 먼저 보낸 선배로서 여러분이 청년의 시간을

온전히 청년답게 살아가길 바랍니다.

문재인 대통령이 경기도 소재의 한 대학교 졸업식에서 한 연설이다. 우리나라에서 가장 성공한 사람이 대통령 아닌가? 대통령도 답을 줄 수 없

다니, 도대체 청년답게 살라는 건 어떤 의미일까? 청년다움이란 무엇일까?

　20대 시절, 어떻게 살아야 할지 몰라 막연하고 두렵고 답답했다. 나는 이 청년의 시기를 어떻게 살아야 하는지 주변 사람들에게 물었다. 그러나 누구도 속 시원하게 대답해주지 않았다. 교회에 찾아가 목사님 앞을 가로막고 내 삶의 목적이 무엇인지 묻기도 했고, 절에 들어가 스님에게 도대체 뭘 깨달으셨길래 스님이 되셨냐고도 물었다. 사업가, 대기업 회장님, 주식 고수, 작가 등을 직접 찾아다니며 젊을 때 어떻게 살았는지, 또 지금은 행복한지 물었다. 살아가는 방식은 제각기 달랐지만, 그들의 청년 시기를 자세히 뜯어보니 유사한 특징들이 있었다. 이 책은 그런 '청년다움'에 대해 찾아 헤매고, 물어보고, 관찰한 내용을 담고 있다.

　또한 청년다운 청년이고자 발버둥 쳤던 내 이야기이기도 하다. 지푸라기라도 잡는 심정으로 성공한 사람들의 루틴을 따라했다. 매일 새벽에 일어나 이불 정리와 명상을 하고, 하루도 빠짐 없이 러닝과 운동을 하고, 매일 긍정 확언을 종이에 적고 입으로 외쳤다. 1년간 100권 이상의 책을 읽으며 책에서 하라는 것들은 간절한 마음으로 꾸준하게 했다.

　'나처럼 평범한 사람은 평생 그저 그런 인생을 살다가 죽는 걸까?'

　나는 아니라는 걸 증명하고 싶었다. 좀 더 나은 청년이 되기 위해, 조금이라도 지혜와 통찰력을 얻어 올바른 의사결정을 하기 위해, 또 인생을 바꾸기 위해 행동했다. 조금씩 무의식에 균열이 가며 생각이 바뀌고 삶이 변하기 시작했다. 만날 수 없을 것 같던 사람을 만나게 되고, 할 수 없다고 여겼던 것들을 할 수 있게 되고, 절대 일어날 것 같지 않았던 놀라운 일들이 일어나고 있다. 평범했던 내가 어떻게 변해왔는지를 세세하게 담았다. 이 책을 통해 '뭐야, 청년답게 산다는 거 별거 아니네? 나도 할 수 있겠다!'는 아이디어를 얻고, 행동으로 옮기고, 도전하는 청년이 한 사람이라도 있다면 행복할 것 같다.

청년의 세 부류

또래의 친구, 동료들을 인터뷰하며 청년들이 크게 세 부류로 나뉜다는 것을 알게 됐다.

첫째, 불만만 가득한 청년 : "더 부유한 환경에서 태어났다면 지금처럼 살고 있진 않았을 텐데! 내년에 하는 결혼식만 아니면 이 지긋지긋한 직장 당장 때려치울 텐데! 이 빌어먹을 나라! 경제가 개판이야!"

둘째, 현재에 안주하는 청년 : "이 정도면 됐지 뭐. 다른 일? 에이, 시도했다가 잘못되면 어떡해. 경력 인정도 안 될 텐데. 지금 이 정도도 만족스러워."

셋째, 변화를 갈망하는 청년 : "지금보다 조금이라도 더 나은 삶을 살고 싶어. 업무를 5분이라도 단축시킬 수 있는 방법은 뭘까? 투자는 어떻게 하는 거지? 초등학생을 위한 주식 책부터 읽어봐야겠어. 상사와의 관계를 어떻게 개선시킬 수 있을까?"

불만 가득하고 현재에 안주하는 사람들은 어제와 같은 오늘, 오늘과 같은 내일을 살게 된다. 하고자 하는 열의가 없기 때문이다. 반면 변화를 갈망하고 조금이라도 행동하는 사람은 실제로 자신이 원하는 삶의 방향으로 흘러가게 된다. 만약 세 번째 부류의 청년에게는 이 책이 열정을 불러일으킬 수 있을 것이다.

목숨과도 같은 청년기를 의미 없이 흘려보낼 것인가?

YG엔터테인먼트의 양현석 PD는 20대로 돌아갈 수 있다면 자신의 몇천억 원의 전 재산을 포기하겠다고 이야기했다. 당신의 젊음은 몇천억 원 이상의 가치가 있는 것이다. 조금이라도 변화를 꿈꾼다면 이 책이 당신의 인생을 바꿀 수 있을 것이라고 확신한다. 아주 조금만 궤도를 틀면 된다. 비행기가 활주로에서 이륙할 때 똑같은 곳을 향해 날아가는 것 같지만, 1도의 각도만 틀어도 한 비행기는 미국 뉴욕으로 가고, 다른 비행기는 브라질 상파울로로 가게 된다. 삶의 방향을 1도 트는 건 누구나 할 수 있는 것이다.

절대 일어날 것 같지 않은 놀라운 일이 나에게 일어나고 있다면 제대로 가고 있는 것이다. 어제가 오늘 같고, 오늘이 내일 같은 삶은 어딘가 잘못된 방향으로 가고 있는 것이다. 지금 당신에게는 어떤 일이 일어나고 있는가? 무수히 많은 청년들이 '그저 그런 삶'에 익숙해져 있다. 우리는 어떻게 살지 선택할 수 있다. 돈을 잘 벌고 싶다면 부자 되기를 선택할 수 있다. 행복해지고 싶다면 행복해지기를 선택할 수 있다. 그 무엇이든 될 수 있고, 할 수 있으므로 당신은 선택하기만 하면 된다. 할 수 있다고 생각하든, 할 수 없다고 생각하든 당신의 생각대로 될 것이다.

내가 전하는 이야기를 들어보라. 그리고 오늘부터 변하겠다고 마음먹자. 오늘은 당신에게 남아 있는 날의 첫 번째 날이다. '청년다움', 그 위대하고 숭고한 가치에 대해 지금부터 이야기해보려고 한다.

신영재

추천사

이 책이 당신의 인생을 뒤흔들 수 있습니다. 이 책은 일반적인 자기계발서가 아닙니다. 신영재 저자가 청년의 시기에 청년으로 살아가면서 성공한 사람들을 실제로 만나면서 그들이 가르쳐준 방법대로 따라 하고 행동으로 옮긴 결과들이 녹아 있는 책입니다.

저자는 지금도 청년다움의 인생을 살아가고 있는 과정이지만, 이 시대의 녹녹치 않은 청년들의 삶 속에 깊은 울림을 주고, 인생의 로드맵을 제시할 수 있는 책이라고 볼 수 있습니다.

이 글을 읽는 당신은 현재 가슴 뛰는 일을 하고 있습니까? 그 일을 생각하면 잠도 오지 않고, 새로운 아이디어가 생각나고, 가슴이 끓어오르는 사람이라면 이 책을 읽고 열정의 용광로 속으로 더욱 빠져들 수 있을 것입니다. 또한 꿈과 목표를 잃고 무엇을 해야 할지 몰라 방황하는 모든 이

들이 읽어야 할 필독서입니다. 지쳐 있는 정신을 깨우고, 잠들어 있는 잠재력을 끌어낼 수 있는 동기부여를 줄 책이기 때문입니다.

제가 신영재 청년을 처음 만났을 때 기억이 떠오릅니다. 강의하는 내 바로 앞에 앉아 간절한 마음으로 경청하고, 깊이 빠져들던 그 눈빛을 잊을 수 없습니다. 외국계 회사를 다니면서 1년에 책을 120권 이상 읽고, 독서 감상문을 쓰고, 새벽 5시 30분에 일어나 긍정 확언을 외치고, 명상을 하며, 매일 10km를 뛰면서 운동하고, 매주 독서 모임을 주관하고, 매주 일본어 과외수업을 하고, 인스타 계정 4개를 운영하는 이 아름다운 청년은 저의 가슴을 뛰게 했습니다.

저는 세상에 둘도 없는 이 청년을 보고 바로 스카우트했습니다. 세상을 향해 꿈 꾸고 있는 신영재 청년의 꿈을 이루어주고 싶었기 때문입니다. 청년답게 노력하면 반드시 꿈을 이룰 수 있다는 것을 직접 보여주고 싶었습니다.

신영재 청년은 도전의 아이콘입니다. 지치지 않는 열정이 있는 청년입니다. 신영재 청년의 인생은 이제 시작입니다. 얼마나 더 많이 성장할지 너무나 기대되는 청년입니다. 이 책은 청년다움으로 살아가길 소망하는 모든 사람이 읽어야 할 책이라고 강력 추천합니다. 청년다움을 간직하며 살아가는 신영재 청년에게 힘찬 응원의 박수를 보냅니다.

《생각이 운명을 가른다》 저자 오픈마인드 김양구

우리는 모두 성공을 꿈꿉니다. 그러나 누구나 꿈을 이룰 수 없는 이유는 생각하고 꿈꾸는 것을 실천하지 않기 때문입니다. 저는 나이 59세에 처음 독서를 시작해서 63세에 1,000권의 책을 읽고 저만의 통찰력과 사람을 보는 안목이 생겼습니다. 저의 관점에서 이 책의 저자 신영재는 이미 성공자라고 할 수 있습니다. 꿈으로 생각했던 크고 작은 것들을 하나씩 실천해 이루어가고 있기 때문입니다.

저자는 30대 초반의 나이에 작가의 꿈을 이루어 청년들에게 동기부여를 주고 있습니다. 60세에 처음으로 글을 써 작가가 된 저보다 28년 먼저 작가가 되었고, 누구보다 강한 추진력과 빠른 실행력을 가진 청년다운 청년이라고 할 수 있습니다. 인생은 결코 길지 않습니다. 배울 점이 많은 사람에게 배우는 것이 가장 지혜로운 행동입니다. 저자는 자신이 본받고 싶은 사람은 어떤 방법으로든지 만나서 생생한 인생 성공 노하우를 배웠습니다. 태어나서 한 번도 본 적 없는 사람에게 연락하는 것은 말처럼 쉬운 일이 아닙니다. 통찰을 얻고자 하는 간절함이 저자를 성공의 길 위에 올려놓았습니다. 여러분을 성공하게 하는 멘토처럼, 이 책도 여러분이 성공하는 데 인생 멘토이자 나침반이 될 것이라고 확신합니다.

자기계발서를 읽는 모든 사람이 책대로 실천하지는 않습니다. 모두가 그대로 실천했다면 지금보다 더 많은 사람이 성공했을 것입니다. 신영재 작가가 남들과 달랐던 점은 실천력과 자신에 대한 믿음입니다. 책에서 말한 그대로 실천했고, 만나고 싶은 작가와 사업가들을 어떻게든지 만났습니다. 자기계발서는 클리셰(뻔한 진리와 이야기)로 가득합니다. 클리셰를 실천한 사람은 성공자로 살고 있고, 실천하지 않은 사람은 보통의 삶을 살거나 실패자의 삶을 살고 있습니다. 이 책을 읽고 실천한다면 성공자가 되는 것은 시간 문제라고 생각합니다. 성공을 생각하고 실천한다면 신영재 작가처럼 반드시 성공할 수 있습니다!

《66일 습관혁명》 저자 김주난

이 책은 과거의 아픔을 극복하고, 간절함과 열정으로 청년다운 삶을 살기 위해 노력했던 한 젊은이의 간증을 담은 책입니다. 이 젊은이와의 첫 만남 때 전달받은 사진 한 장을 기억합니다. 화이트보드였는데 그 안에는 그가 생각하는 멘토들의 사진과 그 멘토 한 명 한 명에게 배우고픈 내용들이 빼곡하게 적혀 있었습니다. 또 그는 이것을 보며 이분들과 닮아가려고 매일매일 노력하겠다는 각오도 이야기했습니다. 이러한 그를 떠올리며 이 책을 읽어보니 앞으로 그의 앞에 펼쳐질 성공한 미래를 쉽게 떠올릴 수 있었습니다. 이 책을 통해 막연한 미래에 답답해하는 수많은 젊은이들에게 '하면 무조건 된다'는 희망의 메시지를 전달해주길 바랍니다.

에이플러스 에셋 곽근호 회장

영남대학교의 자랑스러운 청년 리더로서, 청춘의 열정과 깊은 사유를 담아 젊은 세대가 직면한 도전과 기회에 대한 현명한 조언을 제공합니다. 삶을 바꾸고자 하는 간절함과 우보만리(牛步萬里)의 자세로 작은 실천을 통해 위대한 변화를 이루어내는 방법을 강조하며, 실생활에서의 경험을 통해 독자들에게 명확한 비전과 큰 영감을 줍니다. 미래를 이끌 젊은 지도자들에게 이 책을 강력히 추천합니다.

영남대학교 총장 최외출

목차

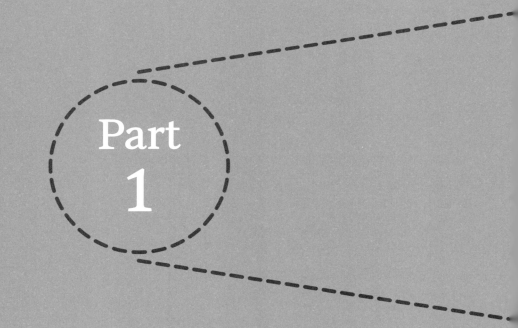

Part
1

내가 청년이 되기까지

죽는 게
유일한 꿈이었던 아이

잠시 눈을 감고 어린 시절을 떠올려보자. 학교에서 울리는 종소리와 뛰어놀던 놀이터, 친구와 싸운 날의 찝찝했던 마음, 선생님께 칭찬받았을 때의 기쁜 마음, 다양한 감정을 느끼며 순수했던 어린 시절이 누구에게나 있다. 그때 우리는 어떤 꿈을 꾸었던가? 경찰관, 미술 선생님, 아니면 의사? 나는 초등학생 때부터 고등학생 때까지 단 한 가지만 꿈꿨다. 유일한 내 꿈, 그건 바로 죽는 것이었다.

한밤중의 이사

내가 기억하는 가장 어린 시절은 어두컴컴하고 무서운 밤에 이사를 하던 우리 가족의 모습이다. 밤에 이사를 가게 된 것은 아버지의 일이 망하면서다. 인테리어 일을 조그맣게 하셨는데 일만 해주고 당연히 받아야 하는 돈을 못 받는 일이 부지기수였다. 때로는 돈도 못 받은 상태로 이미 시작된 일을 진행하느라 빚을 지셨다. 이미 진행된 일을 수습하기 위해 또 빚을 지고, 일한 값은 못 받고, 다시 빚을 지는 악순환의 반복이었다. 몇 달이 지나자 우리 집을 알아낸 빚쟁이들이 집에 찾아왔다. 쾅쾅!

"문 열어! 있는 거 다 알아 이 새끼야! 빨리 문 열라고!"

아버지가 일을 나가신 어느 날, 나는 어머니 손을 꼭 잡고 숨을 죽였다. 한순간도 마음 편하게 있을 수 없는 곳이 집이었다. 언제 터질지 모르는 폭탄을 들고 있는 느낌이었다. 더 이상 그곳에서 살 수 없다고 생각한 부모님은 빚쟁이들의 눈을 피해 한밤중에 모든 짐을 버리고 단칸방으로 도망쳤다.

완전히 망한 뒤 아버지는 예전에 거래하던 한 회사에 들어가셨다. 2년 정도 지났을 때, 사장님은 우연히 우리의 눈물 나게 열악한 상황을 알게 되셨다. 월급의 80% 이상은 빚을 갚는 데 들어갔고, 남은 돈으로 꾸역꾸역 살아내고 있었던 것이다. 이런 사정을 알게 된 사장님은 갖고 계시던 허름한 집 하나를 우리에게 주셨다. 천장에서는 물이 새고, 툭하면 보일러가 고장 나는 말썽이 많은 집이었지만 방도 있고 부엌도 있어서 좋았다. 상처 투성이인 우리 가족과 닮은 것 같아 오히려 안도감을 느꼈다. 그집에서 10년 가까이 살았는데, 지옥 같은 10년이 될 것이라는 것도 모른 채 그때는 내 방이 생겼다는 것에 잠시 행복했다.

나에게는 6살 터울의 남동생이 한 명 있다. 이름은 민재. 새로운 집으로 이사 간 무렵 동생은 자폐 1급 진단을 받았다. 자라면서 자폐 증상이 점점 심해졌다. 말하지 못하고, 듣지 못하고, 먹지 못하고, 음식물을 소화하지 못하고, 대소변도 못 가렸다. 유일하게 할 수 있는 의사 표현이라고는 우는 것뿐이었는데 자폐인 동생의 울음은 뭔가 달랐다. 정말 악에 받쳐 성대가 찢어질 듯이 매일 울었고, 새벽 5시가 되어서야 겨우 잠들었다. 나도 잠을 제대로 못 자니 초등학교에서 늘 멍하고 집중을 못해 선생님께 혼나기 일쑤였다.

동생은 몇 가지에 광적으로 집착하는 모습을 보였다. 그중 한 가지가 자동차 바퀴였다. 바깥에 나갈 때면 온몸이 구정물 범벅이 되도록 주차된 차의 바퀴를 만졌다. 말리기도 힘들었는데, 심지어 움직이고 있는 차에 달려드는 경우도 많았다. 그럴 때마다 어린 마음에 너무 놀랐고 심장이 털썩 떨어지는 기분이었다.

"내 차 앞에서 뭐 하는 거야! 장난치지 말고 썩 꺼져!"

"죄송합니다. 아저씨, 죄송합니다."

동생을 장애인 복지관에서 데리고 나와 길을 갈 때마다 사람들의 손가락질과 차별을 느꼈다. 교복을 입은 무서운 형들은 우리가 지나갈 때면 비웃으면서 말했다.

"야, 저기 병신 지나간다~"

"병신 아니에요. 죄송합니다. 죄송합니다."

동생 민재가 가끔 입을 떼고 "민재 병⋯신⋯"이라고 했다. 하늘이 무너지는 것 같았다.

"너 병신 아니야! 어린이야! 착한 어린이야!"

동생을 끌어안고 울면서 소리쳤다. 하라는 말은 하지 않고 왜 엉뚱한 말만 하는 건지 어린 마음에 너무 속상했다. 사람들의 차별이 견딜 수 없이 아팠다. 세상이 우리만 미워하는 것 같았다.

'우리가 뭘 그렇게 잘못한 거지? 왜 나만 이렇게 고통스러운 거지?'

초등학생이던 나는 여느 친구들은 상상할 수 없는 감정에 북받쳤고, 조그만 몸과 정신으로 받아들이기에는 감당하기 벅찬 상황들의 연속이었다. 열 살 정도가 되었을 때부터는 매일 밤 죽게 해달라는 기도를 시작했다.

'신이 있다면 저 좀 빨리 죽여주세요. 내일 횡단보도를 건너다가 큰 차에 치이게 해주세요. 학교 옥상에서 떨어지게 해주세요. 제발, 제발!'

어린 마음에 비가 오면 번개에 맞을 수 있을 거라고 생각하고 기와지붕 꼭대기에 올라가기도 했다. 그만큼 나에게 죽음은 간절한 소원이었다.

중학교 2학년 겨울방학, 새벽에 동생이 갑자기 마당으로 뛰쳐나갔다. 그러고는 꽁꽁 얼어붙은 수도를 틀려고 안간힘을 썼다. 대야에 얼어버린 얼음을 새빨개진 손바닥으로 치면서 다시 온 동네가 떠나가라 악을 질렀다. 여름에 물놀이를 하던 게 생각난 것이다. 나는 황급히 뛰어나가 소리를 질렀다.

"지금 겨울이야! 물 안 나오니까 제발 그만해!"

그러나 동생의 고집은 절대 꺾을 수 없다. 그 새벽에 악을 지르는 동생의 비명을 듣기 싫어서 귀를 막았다. 나는 콘크리트 벽을 미친 듯이 찼다. 죽을 것 같은 이 마음을 표출할 방법을 몰랐다. 발등의 뼈가 부서져 퉁퉁 부었지만, 발등보다 아픈 것은 마음이었다. 마음이라는 것이 심장 쪽에 있다는 것도 그때 알았다. 매일 심장을 칼로 쑤시는 것처럼 아팠으니까. 15년 이상 지난 지금도 겨울바람이 귓등을 스칠 때면 동생의 비명이 들리고, 발등이 욱신거리는 듯한 느낌이 들 때가 있다.

어느 날에는 동생이 다니는 복지관의 셔틀버스가 내가 기다리던 횡단보도 반대편에 멈췄다. 동생이 내렸고 반가운 마음에 건너편에서 손을 흔들었다. 동생이 나를 발견하고는 8차선 도로를 가로질러 뛰어왔다. 너무 놀란 나는 소리쳤다.

"민재야, 오지 마! 지금 건너면 안 돼!"

내 마음을 알 리 없는 동생은 중앙선을 지나 결국 차에 치였다. 차 앞 유리창이 와장창 깨질 정도로 머리를 세게 부딪쳐 치료를 받게 되었다. 나 때문에 사고가 났다는 생각에 자책하며 많이 울었다.

'나는 반가운 감정도 느끼면 안 되는 인간이구나. 내 인생에 행복은 없어.'

그때부터 온몸을 밧줄로 묶은 기분으로, 온몸에 모래주머니를 찬 기분으로 살았다. 원래도 고통스럽고 죽고 싶은 삶이었지만 더 이상 감정이 없는 로봇이 된 것 같은 느낌이었다.

이렇게 내 어린 날의 10년 동안은 도무지 이해할 수 없는 사건과 사고들이 끊임없이 일어났다. 그래도 동생이 일으킨 일들은 버텨낼 수 있었다. 부모님이 나보다 두 배, 세 배는 더 힘들다는 것을 알고 있었기 때문이다. 하지만 사람들의 차별은 도저히 견디기 힘들었다. 조롱거리가 되고, 손가락질하는 것은 겨우 겨우 버티고 서 있는 나를 무너지게 만들었다. 우리 가족은 "죄송합니다"라는 말을 입에 달고 살았다. 슈퍼마켓에 가든, 버스를 타든, 길을 걸어가든 연신 죄송하다고 말했다. 뭐가 죄송했던 걸까? 아, 태어난 게 잘못이구나.

'죄송합니다. 살아 있어서 죄송합니다.'
'죄송합니다. 같은 공간에서 불결하게 숨을 쉬고 있어서 죄송합니다.'
'죄송합니다. 없어져야 할 존재가 아직 없어지지 않아서 죄송합니다.'

억울했다. 왜 원하지도 않았는데 태어난 걸까? 빨리 죽어서 지옥에 가고 싶었다. 지옥에 가면 손가락질 받을 일도 없으니까. 모두가 평등하니까. 죽여달라고 또 한번 눈물을 흘리면서 기도했다. 밤만 되면 눈물로 베개가 젖었다. 온갖 방법을 상상하며 죽음을 간절히 바랐다.

나는 죽는 게 유일한 꿈이었던 아이였다.

마음의 문을 열다

꿈과 희망이 전혀 없던 아이는 고등학교 2학년이 되었다. 학교에서 단체로 충북 음성에 있는 '꽃동네'라는 곳으로 봉사활동을 가게 됐다.

"공부하고 놀 시간도 부족한데 1박 2일 봉사가 웬 말이야?"

"그러니까 말이야. 진짜 이상한 학교야."

관광버스 뒷자리에 앉은 친구들이 불만을 쏟아냈다. 나는 어찌 됐든지 집에서 잠시 떨어질 수 있어서 좋았다. 꽃동네에 도착하고 내가 맡게 된 일은 몸이 불편하고 정신적으로 장애가 있는 분들을 돕는 일이었다. 동생 말고 다른 장애인을 실제로 본 건 그때가 처음이었다.

'이 세상에 우리 가족처럼 차별을 겪고 힘든 사람은 없는 줄 알았는데, 나와 비슷한 아픔과 감정을 느끼는 사람이 있었구나.'

어릴 때 주변에서 동생과 같은 장애인을 본 적이 없었기 때문에 그곳이 너무 놀라웠다. 1박 2일 동안 식사 준비를 돕고, 휠체어에 앉아 지내는 어르신께 밥과 국을 먹여드렸다. 욕실에서 목욕과 손빨래를 하며 땀을 뻘뻘 흘렸다. 18년간 그렇게 열심히 뭔가를 했던 건 처음이었다. 친구들이 나를 어떻게 쳐다보든지 신경도 쓰지 않고 열심히 도왔다. 몇 년간 죽음만 바라며 비관적으로 살아왔는데, 작지만 누군가에게 도움이 되었다는 생각에 뿌듯하고 기쁜 긍정적인 감정을 처음 느꼈다. 나와 비슷한 고통을 겪고 있는 사람들이 세상에 또 있다는 것이 나에게는 큰 위로가 됐다. 그런 사람들도 꿋꿋하게 살아가고 있었다. 심지어 웃고 계셨다.

'그래, 웃지는 못하더라도 죽지는 말자.'

봉사를 다녀온 후 완전히 닫혀 있던 내 마음이 처음으로 조금씩 열렸다. 눈을 뜨고 주변을 둘러보았다. 내가 사는 동네는 대구에서도 워낙 못사는 동네였다. 부모님이 이혼한 친구, 1년에 한 번씩 전학을 다니는 친구, 형제가 사고로 목숨을 잃은 친구도 있었다. 심지어 학교 선생님도 형제와의 불화가 있다며 힘들어했고, 한 선생님은 자신의 땅이 그린벨트로 지정이 됐다며 힘들어했다. 철저히 세상과 등지고 살아왔는데 주변을 자세히 살펴보니 저마다 크고 작은 아픔들을 안고 살고 있었다. 너도 아프고 나도 아프면 내가 먼저 다가가보자는 생각이 들었다. 고통스럽다고 우는 친구들에게 다가갔다. 태어나서 처음으로 누군가에게 내 이야기를 꺼냈다.

"나는 동생이 있는데…."

내 이야기를 처음으로 꺼내면서 아이처럼 엉엉 울었다. 지금까지 그 누구에게도 말한 적 없고, 수치스럽고 부끄럽다고만 생각했다. 하지만 털어놓으면서 스스로 치유가 되었다. 친구들도 내 이야기에 위로를 받았다. 상처는 감출수록 곪는다. 바람이 통할 수 있도록 드러내야 하고, 약을 발라 줘야 낫는다. 마음의 상처도 마찬가지다. 내 이야기를 처음으로 꺼낸 그날이 과거의 상처와 이별하고 온전한 청년으로 도약하기 위한 첫걸음이 되었다. 그렇게 나는 조금씩 마음의 문을 열고 사람들에게 다가가는 사람으로 변하기 시작했다.

10대 후반이 되면서 내 삶과 환경도 조금씩 변하고 있었다. 사업의 경험이 있으셨던 아버지는 직장에서 거듭 승진하시며 집안 사정이 조금씩 나아졌다. 동생은 이제 새벽에 울지 않고 잘 자기 시작했다. 밥도 잘 먹고 화장실도 잘 갔다. 남들에게는 당연한 일들이지만 우리 가족에게는 기적과도 같은 일이었다. 그 때부터는 집이 쑥대밭이 되어도, 바닥이 물바다가 되어도 덤덤하게 물을 퍼낼 수 있었다. 사람들이 쳐다보고 놀려도, 이제 죽을 만큼 힘들지는 않았다. 그렇게 나의 10대는 지나갔고, 20대가 되었다.

삶의 목적을 찾아서

20대가 되고, 내 삶의 목적은 무엇인지 궁금했다. 나는 왜 태어난 건지, 왜 이 광활한 우주에서 하필 지구라는 별에 무슨 목적을 갖고 떨어진 건지, 어떻게 살아야 하는 건지, 그리고 죽으면 어떻게 되는 건지 너무 궁금했다.

'연필은 적는다는 목적이 있고, 컵은 액체를 담는다는 명확한 존재의 목적이 있는데 내가 존재하는 목적은 뭘까? 꼭 이런 고통을 겪으면서까지 이 세상에 필요한 존재일까? 우주에서 보면 나라는 존재는 먼지와도 같을 텐데 나 정도는 없어도 되지 않을까?'

내 인생의 목적, 그 하나만 찾을 수 있다면 목적대로 살고 싶었다. 사람들에게서 그 답을 찾고 싶어 수많은 대외활동과 봉사활동을 했다. 그들은 왜 사는지, 무엇을 위해 사는지 물어봤다. 그러나 또래 친구들과 선배들은 그런 생각을 하지 않고 살았다.

"뭔 소리야. 이상한 소리 하지 말고 술이나 마시러 가자!"

"너는 착하고 다 좋은데 한 번씩 이상한 소리를 하네. 재미있다."

답을 찾기 위해 책으로 눈을 돌렸다. 동양 철학과 서양 철학을 읽고, 성경, 불교 경전 등을 읽었다. 무작정 교회로 가서 말씀이 끝난 목사님 앞을 가로막고 인생이 대체 뭐냐고 여쭸다. 목사님은 집으로 나를 초대해 삶의 목적은 '신의 도구로 쓰이는 것'이라고 하셨다. 다음에는 절에 찾아가 절밥을 먹으며 스님께 왜 살아야 하는지 여쭸다. 스님은 '던져졌으니 사는 것'이라고 하셨다. 하지만 '이거다!'라고 인생을 던질 만한 삶의 목적이 금방 찾아지지 않았다.

'액체를 담기 위해 존재하는 게 컵이다. 컵처럼 너무나 단순하고, 명확하고, 유일한 존재의 목적을 각각의 사물마다 갖고 있는데, 내 존재의 목적을 찾는 것은 왜 이렇게 어려울까?'

간절하게 내 삶의 목적을 찾아다녔다. 인생의 선배님들을 만나고, 책을 읽고, 고민을 거듭하며 나만의 결론을 찾아냈다.

행복

모든 인간이 컵처럼 단순한 하나의 존재 목적을 가진다고 생각했다. 그런데 사람은 컵과는 다르게 계속해서 성장하고, 달라지고, 깨지면서 변화하는 존재라는 것을 깨달았다. 시시각각 달라지는 인간에게도 변하지 않는 딱 하나는 '행복을 추구한다는 것'이라는 결론에 도달하게 되었다.

컵은 물을 담고 있을 때 가장 행복하다. 그 목적대로 쓰였기 때문이다.

컵을 의자로 사용하거나 망치로 사용한다면 금방 깨져버릴 것이다. 깨지지 않더라도 의자나 망치로 사용되는 컵의 인생은 불행하다고 할 수 있다. 컵은 물을 담고 있을 때 가장 행복한 것이다.

그럼 인간은 언제 가장 행복할까? '인간이라면 이렇게 살 때 행복하다'라는 하나의 진리를 찾고자 했다. 그러나 인식의 한계와 서로 다름을 인정하자는 장자(莊子)의 철학을 읽으며 그 생각이 깨졌다. 인간의 행복은 각자가 다른 것이었다. 즉, 나는 내 행복만 신경 쓰면 되는 것이다.

'그럼 나는 언제 행복할까?'

고민하기 시작했다. 인생의 반 이상을 고통으로 살아온 나는 행복에 대해서 생각해본 적이 별로 없었다. 사람들을 만나고, 책을 읽는 등 외부에서 삶의 목적을 찾았는데, 이제는 내면으로 들어가 나와의 대화가 필요했다. 가장 먼저 행복이 아닌 것부터 배제해나갔다.

행복이 아닌 것 첫 번째, 돈

부유했던 것도 아닌데 돈이 많은 것이 곧 행복은 아니라고 생각했다. 어릴 때 우연히 TV에서 재벌 2세, 재벌 3세들이 스스로 목숨을 끊었다는 뉴스를 봤다. 로또에 당첨된 사람이 나락으로 떨어졌다고 하고, 돈 많은 연예인들이 죽음을 택하기도 했다. '나는 죽고 싶어도 죽을 용기가 없었는데 대체 얼마나 힘들었으면 스스로 목숨을 끊었을까? 그래, 돈으로 큰 집과 멋진 차를 살 수는 있지만 행복을 살 수는 없어. 돈이 행복을 결정하는 핵심 열쇠는 아닌 거야'라고 생각했다.

행복이 아닌 것 두 번째, 미워하는 마음

이 세상의 모든 것을 미워하는 마음으로 10대를 보냈다. 내가 미워하면 남들도 나를 미워하는 것처럼 느껴진다. 상대가 선한 의도로 한 행동도 의심하며 받아들이지 않는다. 그러다 문득 깨달았다. 내가 누군가를 미워한다고 해서 달라지는 것은 하나도 없다. 미워하는 상대가 안 좋은 일을 겪게 된다고 내 삶이 행복해질까? 전혀 그렇지 않다. 누군가를 미워하고 증오하는 것은 스스로를 부정적으로 만들고 스트레스를 받는 일이다. 누군가를 미워함으로써 속이 풀린다면 그 나름대로 의미가 있을 수 있겠지만, 오히려 자신의 감정만 상하게 만들어 스스로를 불행하게 만드는 일이라는 것을 경험을 통해 알게 되었다.

행복이 아닌 것 세 번째, 비교

왜 나만 불행해야 하는 걸까? 어린 시절 내내 품었던 질문이다. 오랜 시간 동안 열등감에 빠져 지냈다. 단지 남들처럼 잘 자고, 잘 먹고, 잘 싸는, 누군가에게는 당연한 삶이 나에게는 부러움의 대상이었다. 그런데 내가 보기에는 전혀 부족함이 없어 보이는 사람들도 사실은 힘들어하고 열등감을 느낀다. 찬찬히 생각해보니 '비교'가 원인이었다. 함규정 박사의 저서 《감정을 다스리는 사람, 감정에 휘둘리는 사람》에서는 이렇게 말한다.

자신을 타인과 같은 선상에 놓고 비교하고 열등감을 느끼는 것만큼 어리석은 일은 없다. 왜냐하면 누군가와 자신을 비교할 때는 대부분 타인의 강점을 자신과 비교하기 때문이다. 그렇기 때문에 100퍼센트 자신에게 불리할 수밖에 없는 게임이다.

타인의 삶은 무조건 좋아 보인다. 애초에 내가 타인의 강점을 보기 때문이다. 이러한 비교에는 끝이 없으니, 비교로 행복해질 수는 없겠다는 생각이 들었다.

행복이란 무엇일까?

그렇다면 나에게 행복이란 무엇일까? 우연히 한상복 작가의 《배려》라는 책을 읽게 되었다.

남들에게 많은 가치를 안겨줄수록 돌아오는 가치도 늘어납니다.
남을 위하는 마음은 궁극적으로 자기 자신을 위한 것이지요.

막연하게 착하게 사는 것이 행복한 것이 아닐까라는 생각을 하고 있었는데 이 문구가 마음에 크게 와닿았다. '착하게 사는 삶이 행복과 무관한 엉뚱한 방향은 아니야. 그런데 우리 아빠처럼 모든 것을 희생하면서 착하게 사는 건 아닌 것 같아. 기쁜 마음으로 다른 사람을 위해 작게 배려하는 것이 시작이야. 할머니에게 지하철의 자리를 양보하고, 친구의 이야기를 내 이야기처럼 들어주고 진심 어린 조언을 해주는 등의 작은 배려를 할 때 느꼈던 좋은 감정들이 행복이었던 거야. 나의 행복을 위해서 하는 일이 결국 남을 위하는 거야. 그리고 사람들과 이 세상에 전달된 작은 배려가 나에게 돌아와. 결국 나를 위한 배려인 거야.' 그런 작은 깨달음으로 작은 배려를 하자고, 행복해지자고 마음먹었다.

어느 날 학교 도서관에 가던 중 못 보던 임시 주차 표지판이 보였다. 그런데 표지판이 강풍에 쓰러지는 것이었다. 그냥 지나쳐도 됐지만 방문하는 분들이 주차 자리를 몰라 곤란하겠다는 생각이 들었다. 발길을 틀어 표지판을 세우고 쓰러지지 않게 단단히 고정해놓고 움직이지 않는지 좌우로 흔들어보았다. '됐다. 이 정도면 안 쓰러지겠지?' 발을 떼 도서관으로 가는데 기분이 너무 좋았다. 직접적으로 누군가를 도와준 것도 아닌데 내가 세워놓은 표지판을 보고 사람들이 길을 찾아갈 생각을 하니 뿌듯했다. 그때 느꼈다. 가슴 속에서 느껴지는 기쁨과 행복은 이기적일 때의 내가 아니라는 것을. 세상에 뭔가 도움이 될 때 진정으로 행복하다는 것을 깨달았다. 그날 이후로 조금씩 사람들에게 선을 베풀고 배려를 실천했다. 지금까지 느껴보지 못한 기쁨이었다.

행복의 의미를 몰랐던 나는 이전까지 세상을 비관적으로만 바라보았고 내 안에 갇혀 살았다. 그 태도가 얼굴에 다 드러났다. 항상 '첫인상이 안 좋다', '무섭다', '인상이 별로다'라는 말을 들으며 살아왔다. 눈이 옆으로 길게 찢어졌고 무표정일 때 거울을 보면 나도 가끔 무서울 정도로 인상이 좋지 않았다. 그런데 2015년 스물네 살의 여름, 봉사활동으로 처음

모인 어떤 자리에서 태어나 처음으로 인상이 좋다는 말을 들었다.

"인상이 너무 좋으시네요. 잘 부탁드려요!"

"네…? 제 인상이 좋다고요? 그런 말은 처음 들어보는데요. 감사합니다."

처음에는 그냥 하는 말인 줄 알았다. 그런데 인상이 좋다는 말을 점점 자주 듣게 되었다. 문득 거울을 봤는데 인상이 달라져 있었다. 악으로 가득한 얼굴이었는데 편안한 얼굴이 되어 있었다. 마인드가 인상까지도 바꿔버린다는 사실을 알았다. 매일이 지옥 같던 10대를 지나와서인지 작은 일에도 감사함을 느끼고 행복을 느낄 수 있는 사람이 되어 있었다.

동생은 군악대에 계셨던 아버지와 나에게 색소폰 연주를 조금씩 배웠다. 서툴지만 조금씩 불 수 있게 되었다. 뭔가에 몰입할 수 있다는 것은 동생에게도 긍정적인 영향을 주었다. 현재 우리 가족은 동생과 함께 전국에 있는 교회를 돌아다니며 클라리넷과 색소폰, 오카리나 연주로 사람들에게 감동을 주고 있다. 수준급의 연주는 아니지만, 연습한 곡들과 우리 가족의 사연을 이야기하고 무대에서 내려오면 사람들의 열렬한 환호와 격려를 받는다. 우리의 사연을 들으며 누군가는 악기 소리보다 큰 소리로 울음을 터뜨리신다.

"연주 정말 좋았어요. 어떻게 이렇게 잘 자랐어요. 마음에 큰 위로를 주셔서 감사합니다. 너무 보기 좋고 부러운 가족이네요" 하시며 동생에게 용돈도 주시고, 빵도 사주신다. 우리 가족이 누군가에게 위로가 되는 날이 오다니, 부럽다는 말을 듣는 날이 오다니, 꿈만 같다. 한 사람이라도 불러준다면 우리 가족은 기꺼이, 어디든지 달려간다. 어머니는 말씀하신다.

"영재야, 우리가 이렇게 살 수 있다는 게 얼마나 기적 같은 일이니? 너무 감사하고 행복해."

장애인 아들이 있고, 지어진 지 45년 된 허름한 아파트에 사는 우리 가족을 남들이 어떻게 볼지는 모르겠다. 남들이 보는 게 뭐 중요한가? 나는 행복하다. 이 모습이 누군가에게 위로가 되고, 살아보겠다는 의지를 갖게 할 수 있다면 그 자체로 감사한 삶이라고 우리 가족은 말한다.

가족들과 함께

가난했던 과거가 있었기 때문에 풍족하지 않아도 감사를 배울 수 있었고, 동생 덕분에 사랑을 배울 수 있었다. 죽고 싶었던 과거가 있기 때문에 살기 위한 방법을 간절하게 찾았다. 누군가 '삶은 선택의 연속'이라고 했지만 스스로 결정할 수 없는 것도 있다. 스스로 결정할 수 없는 것을 통해 단단해지고, 용기 낸 선택은 꿈을 이루게 한다. 죽게 해달라고 기도했던 나는 이제 내 모습을 통해 누군가를 살려달라고 기도하게 되었다. 그렇게 나의 20대는 행복의 의미를 찾아 달라진 얼굴로 지나가고 있었다. 그토록 간절히 원했던 '평범한 삶'을 살게 된 것이다.

책만 읽어도 인생이 바뀐다면

대학생 막바지 시절, 친구들은 좋은 회사에 들어가기 위해 더 많이 공부하고, 자격증을 따고, 대학원 진학을 준비했다. 나는 어릴 때부터 얼른 돈을 벌고 싶다는 마음이 강했기 때문에 어디든 좋으니 얼른 일부터 하고 싶었다. 우연히 이력서를 낸 외국계 반도체 회사에서 서류가 통과되었다는 연락이 왔다. 본격적인 채용 시기 전이라 부랴부랴 취업용 증명사진을 찍고 정장을 빌렸다. 두 차례의 면접에서 운 좋게 합격해서 졸업하기도 전에 대구에서 평택으로 혼자 이사를 가게 되었다. 대기업에 지원해보지 못한 것이 약간은 아쉬웠지만, 하루라도 빨리 돈을 벌 수 있다는 기쁨이 훨씬 컸다.

회사와 일에 적응하고, 실수하지 않으려고 엄청나게 노력했다. 조직 안의 한 구성원이 되기 위해 열심히 했고 튀지 않으려고 노력했다. 돌이켜보니 스스로 톱니바퀴가 되려고 나를 틀에 끼워 맞추고 있었다.

"영재야, 자료 다 정리했어?"

"아! 저녁까지 드리겠습니다. 데이터는 업로드해놨습니다!"

연구소에서 맡은 개발업무뿐만 아니라 업무에 필요한 영상도 만들고, 일본어 교육도 하고, 사장님과 회장님이 참석하시는 보고회에서 매월 발표도 했다. 정신없이 하루하루를 살다 보니 예전에 고민했던 행복은 이미 뒷전이 되어 있었다. 3년이라는 시간이 훌쩍 지난 어느 날 문득, 나는 지금 행복한가 하는 생각이 들었다. 아니었다. 지금은 아니라도 나중에는 행복할 수 있는 걸까? 직장 선배들에게 물어봤다.

"책임님, 혹시 행복하신가요?"

"행복은 무슨…. 입에 풀칠하려고 회사 다니는 거지. 아, 빨리 퇴근하고 싶다."

"나는 출퇴근하는 차 안에서 제일 행복해. 집에서는 가족에 치이고 회사에서는 일에 치이니까 유일하게 혼자 있을 수 있는 시간이잖아. 하하하"

"애들 때문에 사는 거지, 뭐. 우리 애가 이번에 초등학교에 들어가거든? 근데 말이야…"

선배들이 행복하지 않다는 사실은 내게 충격이었다. 20대 내내 고민해서 얻은 결론이 인간은 행복을 위해 존재한다는 것이었는데 주위에는 행복한 사람이 없었다. 10년, 20년을 여기에 있어도 행복하지 않을 것이라고 생각하니 끔찍했다. 뭔가 잘못됐다고 생각하던 어느 날, 우연히 한 영상을 보게 되었다. '자청'이라는 분의 인터뷰 영상이었다. 내용을 요약하면 하루에 두 시간씩 독서와 글쓰기만 해도 인생이 바뀐다는 것이었다. 비판하는 댓글도 많았는데 나는 왠지 그 말에 끌렸다. 영상을 다 보고 난 후 홀린 듯이 나는 자청이 쓴 책 《역행자》라는 책을 주문했다. 직장 생활을 시작한 뒤로는 거의 책을 읽지 않았다. 월급을 어떻게 좀 더 현명하게 관리할 수 있을까 싶어 고른 재테크 책 한 권이 3년 동안 읽은 전부였다. 과연 책을 다 읽을 수 있을까 생각하며 책을 펼쳤는데 처음부터 끝까지 눈을 뗄 수가 없었다. 마음에 가장 크게 와닿았던 부분은 인터뷰에서처럼 독서를 하면 인생이 바뀐다는 내용인데, 그 이유는 다른 사람의 경험을 간접적으로 경험해볼 수 있기 때문이라는 것이다. 내 주변에는 자신이 행복하다고 말할 수 있는 사람이 극소수인데 책 속에는 행복한 사람, 성공한 사람이 무한히 많다. 그럼 그들이 어떻게 행복한지, 어떻게 성공적으로 인생을 살았는지 따라 하기만 하면 되겠다는 생각이 들었다.

독서의 또 다른 장점은 굳이 겪지 않아도 될 시행착오를 획기적으로 줄일 수 있다는 것이다. 맨땅에 카페를 차리는 것과 카페 창업 관련 책 20권을 읽은 사람이 카페를 차리는 것은 하늘과 땅 차이일 것이다. 100권의 책을 읽은 사람과 그렇지 않은 사람의 의사결정에는 큰 차이가 있을 것이다. 머릿속에 도서관이 통째로 들어 있는 사람과 그렇지 않은 사람의 차이를 생각하자 헉 소리가 날 정도로 놀라웠다. 조금이라도 현명한 의사결정을 하기 위해서 지금부터라도 책을 읽어야겠다는 생각이 번개처럼 스쳤다. 그렇게 나는 자기계발서, 뇌과학 관련 책 등을 조금씩 읽어나 갔다. 책을 읽는다는 것 자체가 즐거웠다. 퇴근하면 무조건 책부터 읽었 다. 주말에는 10시간씩 책을 읽었다. 한 달에 8권, 많게는 12권씩 읽어나 갔다. 이렇게 내가 미친 듯이 독서를 하게 된 이유는 삶을 바꾸고 싶은 간 절한 마음이 있었기 때문이다. 자청 님의 말대로 책만 읽어도 인생이 바 뀐다면 읽지 않는 것이 이상한 일이라고 여겨졌다.

삶 자체가 된 독서

입사 후 3년간 고작 책 1권을 겨우 읽은 내가 1년에 100권씩 읽는 독서가가 되었다. 이제 독서는 내 삶에서 가장 중요한 습관 중 하나가 되었다. 어떻게 한순간에 책을 읽는 사람으로 바뀌었을까? 내가 책과 친해질 수 있었던 요소는 세 가지로 말할 수 있다.

첫째, 앞서 말했듯이 삶을 바꾸고 싶은 간절한 마음이 있었다

직장 생활 하면서 '아무리 생각해도 이건 아닌데'라고 느낀 적이 한두 번이 아니었다. 주위 사람 중 행복해 보이는 사람이 없었다. "다들 그렇게 살아. 평일에 좀 참으면서 일하고, 주말에 쉬고 여행도 다니고 맛있는 것도 먹고, 월요일이 되면 다시 일하고 그냥 그렇게 사는 거야." 이런 말을 하면서 주말에 이틀을 쉬기 위해 5일을 버티는 마음으로 회사 생활을 하는 것이다. 5일이 행복하고, 이틀을 참아야 하는 거라면 받아들였을지도 모른다. 이틀을 위해 5일을 고통스럽게 산다는 게 도저히 받아들여지지 않았다. 동료들과 친구들, 가족들에게 물어보면 다들 그렇게 산다고 하니 어쩌겠는가. 그래도 나는 뭔가 다른 게 있을 것이라고 생각만 했다. 그런데 책을 읽으니 '그렇게 사는 거 아니야. 행복할 수 있어'라고 말해주는 것이다. 주변에 조언을 구할 사람이 없었는데 책이 나에게 조언을 해주었다. 마치 인생이라는 과목의 답지를 몰래 훔쳐보는 느낌이었다. 그러니 책을 읽는 게 어렵지 않고 재미가 있었다.

둘째, 잘 읽히는 책은 읽고, 흥미가 떨어지는 책은 과감하게 덮었다

잘 읽히는 책과 읽히지 않는 책이 있다. 나는 당장 오늘의 의사결정을 바꿀 수 있는 책이 좋았다. 누워 있다가도 운동하러 몸을 일으키게 만드는 동기부여를 주고, 드라마를 보려다가도 책을 집어 들게 만들고, 복리로 쌓이는 지혜를 몸으로 체감하게 하는 자기계발서가 좋았다. 20대 때 주로 읽었던 철학 책도 재미 있었다. 세상과 우주란 무엇인가에 대해 자주 생각했는데, 내가 생각지도 못했던 견해들을 알게 되면 흥분되었다. 독서 모임에 가보니 사람마다 좋아하는 책이 천차만별이었다. 역사책을 좋아하는 사람도 있고, 추리소설이나 고전을 좋아하는 사람도 있었다. 남들이 좋은 책이라고 해서 억지로 읽는 것이 아니라 잘 읽히는 책 안에서 뭔가를 느끼고, 삶을 통해 조금이라도 발현된다면 어떤 책이든 좋겠다는 생각이 들었다. 읽다가 재미없거나 읽히지 않으면 과감하게 덮어버렸다. 읽으며 배우고 내 삶에 적용하는 것 자체가 즐겁고 재미있었다.

셋째, 책의 내용을 순수하게 의심 없이 받아들였다

돌이켜보면 잘한 점이 딱 하나 있다. 바로 책에서 말한 내용을 순수한 아이처럼 믿고 실행했다는 점이다. 잘 받아들여지지 않는 내용이 있으면 다시 읽고, 또 읽었다. 예를 들면, 켈리 최 회장님의 저서 《웰씽킹》에는 자신이 되고 싶은 모습을 적고, 긍정 확언의 형태로 말하면 잠재의식과 신념에 엄청난 변화가 생긴다는 내용이 있다. '에이, 설마. 내가 말한다고 되면 다 그렇게 하겠지. 말도 안 돼'라고 생각하면서도 다시 읽었다. '성공한 사람인데 왜 이런 거짓말을 하겠어? 혹시 진짜인가?' 생각하고 또 다시 읽었다. '그래, 돈 드는 일도 아닌데 해보는 거야. 잘되면 대박이고 안되더라도 본전이잖아' 하는 생각에 책에서 하라는 대로 했다. 그랬더니 일어나지 않을 것 같은 일들이 일어나고, 만날 수 없는 사람들을 만나기 시작했다. 지금까지도 나는 매일 10가지 문장을 외치며 하루를 시작한다.

세계적인 베스트셀러 팀 페리스(Tim Ferriss)의 《타이탄의 도구들》에서도 성공한 사람들의 5가지 아침 습관이 소개되어 있다. '잠자리 정리, 명상, 한 동작을 5~10회 반복하기, 차 마시기, 그리고 아침 일기 쓰기.' 세계적인 베스트셀러에서 말하는 성공하기 위한 습관이 새벽 4시에 일어나라거나 하루에 6시간씩 공부하라와 같이 불가능해 보이는 것들이 아니었다. 이 정도는 마음만 먹으면 30분 안에도 할 수 있는 것이었다. 이것들을 해서 성공할 확률이 1%라도 높아진다면 무조건 해야겠다고 마음먹었다. 그런데 당시 여자친구에게 같이 해보자고 하니 다 아는 이야기라고 하는 것이다.

"이미 아는 이야기 아니야? 너무 뻔한 이야기인데 뭘 그렇게 감탄해? 조용히 좀 읽어!"

하지만 나는 그 말이 더 놀라웠다. 행동하지 않는다면 그건 아는 이야기가 아니다. 안다는 것의 뜻은 어떤 것에 대해 의식이나 감각으로 깊이 깨닫거나 느끼는 것이다. 느끼지 못했다면 그건 안다고 할 수 없다. 가슴 깊이 느꼈다면 행동으로 표현되었을 것이다. 똑같은 내용이 다른 책에서 반복적으로 보이면 더 눈이 초롱초롱해졌다.

'이 책에서도 독서가 중요하다고 말하고, 저 책에서도 독서가 중요하다고 말하니까 독서는 정말 중요한 거구나!' 한 책에서 읽은 내용이 잊혀질 때 쯤, 비슷한 내용이 또 다른 책에서 나오면 복습의 효과도 있었고, 내 실행력은 더욱 높아졌다. 같은 글을 읽더라도 온전히 받아들이고, 믿고, 의심 없이 받아들였던 것이 내가 책을 계속해서 읽을 수 있었던 이유 중 하나이다. '책 몇 페이지 읽는다고 인생이 달라지겠어?'라고 생각할 수 있다. 나는 확신한다. 달라진다. 부질없어 보이고 작은 한 걸음이 모여 내 인생을 바꿨다.

아주 작은 실천은 위대한 변화의 시작

매우 작은 실천이 모여 삶이 변할 수 있다고 믿었다. 제임스 클리어의 《아주 작은 습관의 힘》이라는 책에서의 핵심은 좋은 습관은 하기 쉽게, 재미있게, 단순하게 만들고, 나쁜 습관은 어렵게, 복잡하게 만들어 제거시켜나가면 풍요로운 삶을 누릴 수 있다는 것이다. 그는 원어인 'Atomic Habit', 즉 원자 단위까지 행동을 쪼개 습관으로 만들라고 조언한다.

아주 작은 실천, 눕는 습관 없애기

나쁜 습관을 없앤 자리에 좋은 습관을 채울 수 있다. 버리고 싶은 습관을 생각해보니 집에만 오면 눕는 습관이 생각났다. 회사를 다닐 때 종종 밤늦게 출근하고 해가 중천에 뜨고서야 퇴근할 때가 있었다. 퇴근 길에 졸음이 쏟아져 몇 번이나 차에서 내리기도 했다. 그런 날에는 집에 도착하자마자 바로 침대에 쓰러졌다. 이런 경험이 쌓이다 보니 집에 오자마자 눕는 것이 습관이 되어버린 것이다.

'오늘은 퇴근하고 2시간 동안은 절대 눕지 않을 거야.' 퇴근 후 신발을 벗고 가방을 던졌다. 옷을 갈아입고 책상에 앉았다. 하지만, 다리가 슬금슬금 침대 쪽으로 가더니 5분도 채 지나지 않아 누워버렸다. 실패했다. '그래, 이것보다 훨씬 작게 실천하자. 진짜 진짜 작게 시작해보자. 오늘은 5분도 안 되어 누워버렸으니 내일은 5분부터 넘겨보는 거야.'

다음 날, 퇴근하고 집에 들어왔다. 외투만 벗어두고 서 있기로 했다. 앉았다 일어났다 운동을 하다 보니 10분이 지나 있었다. 남이 보면 별것도 아닌 일인데도 기분이 좋았다. '그래, 이건 성공한 거야! 내일은 20분 있다가 눕는 걸로 해보자.'

또 다음 날, 퇴근하고 앉았다 일어났다 운동을 했다. 10분이 지났고, 책상에 앉아 휴대폰도 보고 책도 읽었다. 그렇게 10분씩, 20분씩 눕는 시간을 뒤로 미뤘다. 이제는 잠들기 전에 눕는 게 습관화되었고 독서나 운동을 하며 시간을 보내게 되었다. 돌이켜보면 이때 눕는 습관을 없앤 것이 지금의 나를 만들었다고 해도 과언이 아니다. 책을 읽고, 운동하고, 만나고, 성장하는 일들은 누워 있다고 되는 것이 아니기 때문이다.

"영재 씨는 어떻게 그렇게 부지런해요? 잠은 언제 자요?"

불과 몇 년 전까지 누워서 빈둥대던 내 모습을 모르는 사람들은 나에게 물어본다. 정말 별것 아니게 보이는 5분이 나를 바꿨다고 말해주고 싶다.

아주 작은 실천으로 운동 습관 만들기

독서를 하면서 어릴 때 좋은 습관을 만들지 못한 이유를 알게 됐다. 좋은 습관을 통한 나의 발전은 전혀 티가 나지 않기 때문에 시도할 생각도 하지 못했던 것이었다. 당장 누워서 드라마를 보는 게 재미있지, 쉽게 늘지 않는 영어 공부를 하고 싶지 않았다. 당장 치킨 다리를 뜯고 싶지, 브로콜리 샐러드를 먹고 싶지 않았다. 좋은 습관은 지금 당장 눈에 보이게 유익이나 득이 된다고 느끼지 못했기 때문에 하고 싶지 않았던 것이다. 하지만 이제는 눈에 보이지 않는 순간과 티도 안 나는 실천이 너무나 중요하다는 것을 안다.《아주 작은 습관의 힘》이라는 책에서는 다음과 같이 말한다.

1%의 성장은 눈에 띄지 않지만 매일 1%씩 성장한다면 1년 동안 37배가 성장한다.

매일 사소한 좋은 습관과 올바른 의사결정을 하나씩만 쌓아간다면 삶의 방향을 크게 바꿀 수 있다. 석공이 100번 망치를 내리쳐도 돌에는 금조차 가지 않지만, 101번째 내리쳤을 때 돌이 정확히 둘로 갈라진다. 과정을 모르는 사람은 한 방에 돌을 갈랐다고 생각하겠지만, 100번의 눈에 보이지 않는 꾸준한 인내심이 필요했다는 것을 석공은 안다.

반면, 잘못된 결심과 사소한 실수, 작은 변명이 매일 1% 쌓이면 결국 감당할 수 없는 문제가 생긴다. 오늘 치킨과 피자를 폭식한다고 해서 내일 바로 몸무게가 느는 것이 아니다. 그러나 이런 악습관은 중독이고, 몸과 마음에 돌이킬 수 없는 해를 끼치게 된다. 모든 습관은 복리로 작용한다. 좋은 습관의 힘과 나쁜 습관의 대가는 엄청난 차이로 나타난다.

어느 날 나는 제대로 된 습관을 딱 하나만 만들어보자는 생각이 들었다. 한 번만 해보면 다른 좋은 습관들은 더 쉽게 만들어나갈 수 있다고 생각했다. 무슨 일을 하든 결국 건강이 가장 중요하다고 생각했기 때문에 운동 습관을 만들어보기로 결심했다. 책의 내용처럼 매일 아주 작게라도 운동을 시작하기로 했다.

철봉을 바라보기만 하는 게 운동이 될까?

당시 살던 집에서 조금만 걸어가면 철봉이 있는 공원이 있었다. 턱걸이 20개를 한 번에 하겠다고 메모장에 적었다. 바로 할 수 있겠다고는 생각하지 않았지만 작게 실천해보기로 했다. 첫날은 공원까지 가는 것만을 목표로 했다. 그동안 운동을 하지 않았으니 침대에서 몸을 일으켜 신발 끈을 묶고 문을 박차고 나오는 것만으로도 성공이라고 생각했다. 첫째 날에 5분 정도 걸어서 공원에 도착했고, 철봉을 보자 얼마나 할 수 있는지 시험해보고 싶었다. 하지만 공원까지 간다는 목표는 달성했으니 그냥 돌아가기로 했다. 당장 턱걸이를 열심히 하고 나서 힘이 빠져 내일 나오지 않으면 습관 만들기는 거기에서 끝날 것 같았다. 철봉을 한번 당겨보고 싶은 이 마음을 잠시 미루고 내일도 나오는 게 중요하다고 생각했기 때문이다. '내일은 철봉에 매달려볼 거야.' 돌아가는 길에 봄바람을 느끼며 내일도 꼭 나오자고 생각했다.

다음 날, 공원에 가자마자 철봉에 매달렸다. 광배근이 쭉 늘어나는 느낌이 들었다. 기분이 좋았다. 중력을 온전히 느끼면서 수십 초간 철봉에 매달려 있었다. '그만, 오늘은 여기까지!' 딱 기분 좋을 때까지만 버티다가 내려왔다. 철봉에 더 오랫동안 매달리고, 10개씩 하는 게 중요한 게 아니라 매일 하는 게 중요하다. 그다음 날은 턱걸이 1개, 그다음 날은 3개, 조금씩 개수를 늘려갔다. 딱 부담스럽지 않을 만큼만 '매일' 했다. 개수가 늘지 않는 날은 매달렸다가 내려오는 시간을 1초라도 늘리려고 노력했다. 어제보다 1%만 전진하겠다는 생각으로 해나갔다.

언젠가부터는 더 이상 공원에 가는 것과 턱걸이를 한다는 것에 대한 거부감이 사라졌다. 매일 턱걸이를 10개씩 하는 게 힘들 것 같았지만, 실제로는 침대에서 몸을 일으켜 철봉 앞까지 가는 게 가장 가장 어려웠다. 그래도 가기만 하면 어떻게든 해낼 수 있었다. 운동하러 가기 싫은 날에는 옷부터 훌러덩 벗고 운동복으로 갈아 입었다. 옷만 갈아입어도 운동하러 가야겠다는 마음이 생긴다. '옷 벗기', '운동복으로 갈아입기', '신발끈 묶기'처럼 정말 작은 일을 해내는 것이 훨씬 중요한 일이라는 것을 깨달았다. 철봉을 바라보는 게 무슨 운동이냐고 말할 수 있겠지만 내 습관은 그렇게 만들어졌다. 철봉을 바라보던 나는 예전에 적은 대로 턱걸이 20개를 한 번에 할 수 있는 근력을 갖게 되었다.

운동 외의 습관도 같은 방식으로 만들어보기로 했다. 성공한 사람들, 행복하게 사는 사람들은 모두 아침 시간을 잘 활용한다는 것을 알았지만, 나의 아침은 항상 출근 준비로 정신 없었다. '아침에 어떻게 더 일찍 일어나'라고 생각할 뿐이었다. 그러던 중 명상과 관련된 책을 읽었는데 아침에 명상을 하면 긍정적인 에너지와 평온함을 갖게 돼 하루가 즐겁다는 내용에 솔깃했다. 매일 5분만 명상해보자고 마음먹게 되었고, 기왕 한다면 많은 저자들이 권유하는 아침에 해보기로 했다.

'딱 5분만 일찍 일어나자. 5분만 명상하고 그 이후는 똑같이 출근 준비를 하면 되니까 어려울 건 없어.'

실제로 크게 힘든 건 없었다. 3시간도 아니고 딱 5분이었다. 5분 때문에 하루의 컨디션이 좌우될 것 같지는 않았고, 그렇다고 해도 5분 일찍 자면 그만이었다. 처음에는 어떻게 해야 할지 몰라서 짧은 음성 가이드 명상을 듣기도 하고, 고요함 속에 혼자 앉아 있어 보기도 했다. 개운할 때도 있고, 이런저런 잡생각이 들 때도 있었지만, 늘 좋았던 점은 명상을 하고 나서 눈을 뜨면 세상이 선명하게 보인다는 것이었다. 아침마다 반쯤 감긴 눈으로 헐레벌떡 출근 준비를 하는 것보다 훨씬 개운했다.

그렇게 나는 잠자리를 정리하는 1분을 추가해 6분 더 일찍 일어났다. 이불의 각을 잡는 것도 아니고 대충 두, 세 번 접으면 반듯한 모양이 나온다. 고작 몇 분만으로 성공한 사람들과 조금이라도 닮을 수 있다니 아무리 생각해도 이보다 더 좋은 일은 없었다. 이후 팔굽혀펴기를 하기 위해 5분 추가, 감사 일기를 쓰기 위해 6분 추가, 경제 신문을 읽기 위해 20분 추가, 노트에 목표를 100번 쓰기 위해 40분을 추가하다 보니 어느새 새벽에 일어나 아침을 충실하고, 풍요롭게 보내는 내 모습을 보게 됐다. 아마 처음부터 2시간 일찍 일어나려고 했으면 절대 하지 못했을 것이다. 이제 나는 5분 일찍, 1분 일찍, 작게, 더 작게 실행하면 무엇이든 습관으로 만들 수 있다는 것을 안다. 그렇게 조금씩 내면을 변화시켜나갔고, 더불어 내 삶도 조금씩 바뀌었다.

기적처럼 변한 일상

　신입사원 때 나를 지도해준 선배는 나를 내향적이고 소심한 성격이라고 하셨다. 업무 관련이 아니면 거의 말을 하지 않았고, 혹여나 실수하지 않으려고 사적인 말도 삼갔다. 몇 년간 말을 하지 않는 것이 습관이 되다 보니 회사 밖에서도 말하는 게 어려웠다. 음식점이나 카페에 가면 주문하는 게 부끄러워 배달 어플로 결제한 다음 포장만 해서 나올 정도였다. 어느 날, 여자친구와 카페에서 주문을 하게 됐다.

　"아이스 아메리카노랑…, 어… 음… 카페라떼… 한, 한 잔이요…. 네, 아, 따뜻한 걸로요…."

　여자친구가 그런 내 모습을 보고 핀잔을 주었다.

　"왜 너는 주문 하나 제대로 못해? 진짜 심각한 거 아니야? 연습이라도 좀 해, 제발!"

　집에 돌아와 태블릿에 메뉴판을 띄워놓고 여자친구와 마주 앉아 주문하는 연습을 했다. 그 모습도 한심하고 부끄러웠다. 기본적인 사회생활도 못할 정도로 심각했다니. 버스에서 하차벨을 누를 때도 눈치를 보는 사람이 나였다.

조금씩 책을 읽고, 운동을 하고, 명상을 하면서 내면을 채워나갈수록 긍정적인 마음과 자신감이 생겼다. 너무 눈치 보지 않아도 괜찮다는 것도 알았고, 모두에게 사랑받지 않아도 괜찮다는 것도 느꼈다. 책을 읽다가 좋은 내용이 있으면 동료에게 한마디씩 말을 건네기도 했다. 일 이야기 말고는 거의 해본 적 없던 내가 말을 한다고 동료들은 신기해했다. 경제 신문을 읽으면서 조금씩 재테크에도 관심이 생겼다. 근처 부동산 중개업소에 나와 있던 아파트 매물이 너무 궁금했는데, 그 앞에 서서 들어갈까 말까 20번 이상 고민했다. 원래 성격이라면 절대 들어가지 않았겠지만 용기를 냈다. 잘 말할 수 있을까 걱정했던 마음은 기우였고 공인중개사님과 3시간 가까이 신나게 떠들 수 있었다. 내가 생각한 매물의 가격과 의견 등을 솔직하게 이야기하다 보니, 공인중개사님의 자녀 상담까지 하고 온 것이다. 부동산 중개업소의 문을 열고 나오며 기쁨과 뿌듯함이 온몸을 감쌌다.

그렇게 소심한 내가 독서 모임을 나간 일도 있다. 책을 읽으면서 다른 사람은 이 책에 대해 어떻게 생각하는지 너무 궁금했다. 나와 똑같이 느꼈을까? 다를까? 그런 궁금함에 용기를 내 독서 모임도 나가게 되었고 나중에는 운영진에까지 참여하며 모임을 진행하게 되었다. 책을 읽으면서 '이 책을 쓴 작가는 지금 어떤 삶을 살고 있을까? 책에 쓰여 있지 않은 숨어 있는 이야기는 무엇일까?' 너무 궁금했다. 꼭 만나보고 싶다는 내 안의 외침이 나를 움직이게 했다. 간절함으로 우여곡절 끝에 연락처를 알아내서 만남을 성사시켰다. 내가 만난 인생의 선배들은 모두 청년의 눈빛을 하고 있었다.

지금은 절대 일어나지 않을 것 같던 놀라운 일들이 일어나고, 할 수 없을 것 같던 일들을 해내고, 만날 수 없을 것 같았던 사람들을 만나고 있다. 인생을 먼저 살아나간 선배님들의 살아 있는 조언을 통해 지혜와 통찰력을 조금이라도 얻으려고 발버둥 친다. 그 만남들은 내 안에 꿈틀거리던 작은 씨앗을 터뜨렸고 또 한 번 크게 성장시키는 밑거름이 되었다.

인생의 선배들을 만나 어떻게 살아야 하는지 물어보았다. 직접 만나는 것은 책과는 완전히 달랐다. 그들의 살아 있는 지혜와 통찰력을 나누고자 한다.

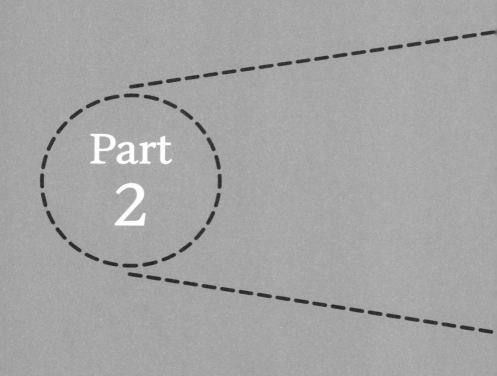

Part
2

청년, 인생의 선배를 만나다

외국계 기업 사장님

　전 직장에서의 일화다. 27살 첫 직장으로 외국계 반도체 설비회사의 연구소에 입사하게 되었다. 한국지사의 직원은 약 600명, 전 세계에 6,000명 이상의 직원이 있는 큰 기업이었다. 직장 생활에 대해 생각하다가 문득 '이 생활의 끝은 어떻게 되는 걸까?' 궁금했던 적이 있다. 탄탄대로의 길을 걷는다면 임원까지 올라갈 것이고, 끝까지 가면 사장이 될 것이다. 이 생활의 끝이 사장이라면 사장님께 지금 행복하신지 물어보고 싶었다. 문제는 직장 생활 3년 차인 내가 사장님을 만나 이야기를 나눌 수 있는 기회가 없었다. 사장님께 메일을 써보는 건 어떨까 하는 생각에 평소 친분이 있던 선배 한 명에게만 살짝 물어보니 미쳤냐는 반응이었다. 조용히 회의실로 부르더니, "너만 혼나는 게 아니라 사원교육을 잘못한 부서 전체가 욕먹을 수 있어. 네가 보낸 메일에 이 버릇없는 사원은 누구냐고 전 직원에게 답변이 올 수도 있어. 그러면 부끄러워서 고개 들고 회사에 다닐 수 있겠어?"라고 했다.

종종 사장님께서 혼내는 어조로 전체 메일을 보내시곤 했기 때문에 충분히 일리 있는 이야기였다. 하지만 시간이 지날수록 사장님을 만나는 일은 나에게 너무나 중요한 일이 되어버렸다. 앞으로 몇 십 년의 진로에 대한 본질적인 대답을 들을 수 있을 것 같았다. 사장님께 메일을 써보기로 마음을 먹었다.

'에라 모르겠다. 그냥 보내보자. 최악의 경우 직원들 놀림감이나 되고 말지 뭐.'

목록의 제일 상단에 위치하지만 대부분의 사원은 퇴사할 때까지 한 번도 연락하지 않는, 금지된 영역과 같았던 사장님께 메일을 쓰기 시작했다. 내 소개와 무례함을 무릅쓰고 메일을 보내게 된 이유, 통찰력과 지혜를 조금이라도 배우고 싶으니 꼭 뵙고 싶다고 썼다. '보내기' 버튼을 하염없이 바라보면서 클릭할까 말까, 수십 번 고민했다. 결국 하고 후회하자는 생각으로 입 밖으로 튀어나올 것 같은 심장을 움켜잡고 마우스를 클릭했다.

다음 날 오전, '띠링' 하고 메일 알람이 울렸다. 사장님이 쓴 메일이었다. 전체 메일로 보내셨는지 나에게만 보내셨는지부터 제일 먼저 기도하는 마음으로 확인했다. '욕을 하셔도 좋으니 제발 나한테만 보낸 메일이길!' 천만다행히도 나에게만 보내셨고, 내용은 이랬다.

신영재 사원, 이렇게 연락주어 감사합니다. 시간은 언제가 좋은가요? 나는 2월 2째 주가 좋은데요. 새해 복 많이 받으세요.

사무실에서 소리를 지를 뻔했다. 답변이 오니 그 이후의 일은 착착 진행됐다. 평일 저녁 신도시의 초밥집에서 사장님과 만났다.

사장이 되면 행복한가요

"안녕?"

"안녕하십니까. 신영재입니다!"

너무 떨렸지만 담소를 나누면서 긴장이 조금 풀렸다. 다시 오지 않을 기회라고 생각해 묻고 싶은 것은 모조리 물어봐야겠다고 생각했다.

"사장님, 지금 행복하신가요?"

사장님은 웃으시더니 대답해주셨다.

"행복하지. 음, 그런데 내가 사장이라서 행복한 건 아니야. 나는 예전부터 행복했어."

사장님은 처음부터 사장이 아니었다. 제조팀에서 제조도 하고 고객사에 들어간 설비에 문제가 생기면 대응을 하면서 영업팀으로 가게 됐고 결국 사장님이 된 케이스였다.

"처음에 일할 때부터 행복했어. 내가 만드는 설비에 문제가 없도록 관리하고, 일정에 맞추기 위해 며칠 밤을 새기도 했어. 힘들기도 했지만 재미있고 즐거웠어. 고객에게 불같이 화를 내기도 했어. 왜 일본인 엔지니어를 찾냐고, 나도 할 수 있다고 달려들었지. 근데 실제로는 잘 몰랐어, 하하. 미친 듯이 공부하고 일본인 엔지니어에게 물어보면서 지식을 쌓았지. 결국 나랑 싸우던 고객도 가장 먼저 나부터 찾더라고. 뭔가에 책임감을 가지고 일할 수 있다는 건 기쁜 일이야. 그때도 행복했어. 물론 지금도 행복하고."

추억에 잠긴 듯 사장님의 눈빛이 반짝였다. 아름다운 청년의 눈빛이었다. 처음에 제조팀에서 일할 때도, 영업을 시작하셨을 때도, 임원이 되고 사장이 되셨을 때도 자신의 일에 대한 책임감이 있었고, 순수한 열정으로 순간순간을 행복하게 살아오신 것이다.

"그리고 또 한 가지! 나는 나 자신일 때 행복할 수 있는 거야. 누군가와 비교하면 금방 불행해질 거야. 비교하면 불행해. 나도 이 회사의 사장이지만 삼성전자의 이재용 회장과 비교하면 불행해. 이재용 회장도 테슬라의 일론 머스크와 비교하면 불행할 수 있지. 이런 식이면 세상에 행복한 사람은 아무도 없어. 그렇지?"

나도 회사에서 선임이 부러울 때가 있었다. 선임은 책임이 부럽고, 책임은 수석이 부럽고, 수석은 임원이 부러울 것이다. 남이 어떤지 신경 쓸 게 아니라 현재의 나에 집중하라는 말씀이었다.

비교에 대해 이야기하니, 우리 세대는 SNS에 길들여져 있다는 생각이 들었다. 잘나가는 누군가의 일상을 보며 심리적 박탈감과 열등감을 느끼기 쉽다. 미화된 일상을 업로드하는 입장에서도 행복감은 잠시이고, 고급 음식, 예쁜 소품, 배경을 업로드할수록 더 좋은 사진을 올려야 할 것 같은 마음에 무리한 소비를 하게 된다. 결국 SNS는 보는 사람도 하는 사람도 행복하지 않은 게 아닐까라는 생각을 하게 되었다.

비교하지 않으려고 나름 방법을 생각했던 내 경험이 떠올랐다. 지인들이나 인플루언서들의 멋진 모습이 나에게 긍정적인 영향을 끼치는 것 같지 않았다. 그래서 기존 계정은 거의 들어가지 않는 유령계정으로 내버려 두고 새롭게 계정을 만들어 좋은 습관을 인증하는 용도로 사용했다. SNS는 누구나 볼 수 있으니 좋은 글을 써야 했다. 언제 업로드하겠다고 SNS에 선포하며 강제로 실행력을 키웠다. 독서 계정을 만들어 독서한 내용을 기록했고, 매일 운동한 것을 인증했고, 감사한 것을 기록했다. 나를 팔로우하는 사람들도 지인이 아니라 읽고, 운동하며, 성장하는 사람들이기 때문에 동기부여가 되었다. 외롭게 혼자 하는 느낌이 아니라 동료들과 함께 성장하는 기쁜 마음이 들었다.

사장님께 또 다른 질문을 했다.

"사장님, 살아오시면서 가장 중요한 가치관이라고 생각한 것이 있으신가요? 제가 올해 서른 살입니다. 서른 살에 이렇게 생각하고 살았으면 좋았을 걸, 하는 게 있으세요?"

"음, 돌이켜보면 '관계'가 지금의 나를 만들었어. 사실 나는 능력도 없고 재능이 있는 것도 아니야. 그렇지만 신뢰를 받았고, 중요한 관계를 잘 이어갔던 것 같아. 사람이 어느 정도 위치에 올라가면 여러 가지 유혹을 만나거든. 그런 상황에서도 성실하게 자신의 길을 가는 사람이 성장하는 거고 성공할 수 있다고 믿어. 돌이켜 보면 나는 운이 참 좋았어."

"관계를 잘하라고 하셨는데요. 그럼 저와 엮인 모든 사람에게 성심성의를 다해 관계를 잘 이어갈 수 있게 노력해야 할까요?"

"관계가 나를 만들었다고 했지 잘하라고는 안 했어. 자네에게 오는 모든 관계를 의도적으로 힘줘서 잘하려고 하면 오히려 잘 안되지 않을까? 아니, 그 전에 병이 나서 쓰러질걸."

"그럼 어떻게 해야 되나요?"

"나도 잘 모르겠네. 그렇지만 모든 관계를 열심히 하려고 한 적은 없어. '이 사람은 나에게 기회야. 이 사람은 나에게 쓸모없어' 이런 생각도 안 해봤어. 내 역할을 충실하게, 책임감 있게 해나가다 보니 내게 딱 필요한 사람들이 모인 건가 싶기도 해. 지금 내 주위에는 나를 도와주려는 사람이 넘쳐. 그래서 나 스스로도 운이 좋다고 하는 거야."

지금의 자리에서 성실하게 하다 보니 꼭 필요한 사람들이 사장님 근처에 모였고, 현재의 자리까지 올라갔다는 말씀이었다. 그리고 사장님은 예전이나 지금이나 행복하다고 하셨다. 어떤 위치에 올라서가 아니라 지금이라도 당장 행복할 수 있는 것이다. 나는 궁금했던 은퇴 이후 계획이나, 리더십과 관련된 질문, 심지어 무례할 수도 있는 현재 수입에 관한 것까지 여쭤봤다. 사장님은 가능한 선에서 성심성의껏 답변해주셨고 진심 어린 응원을 해주셨다.

"보자고 해줘서 고마워. 사원이 이렇게 보자고 한 건 처음이야. 오히려 메일을 받고 내가 긴장됐어. 하하하. 내가 도움이 됐을지 모르겠네. 그럼,

열심히 해."

사장님께 메일을 보내던 날이 생각난다. 그냥 보내면 되는 건데 왜 바보처럼 고민했을까. 어떤 일을 해내고, 원하는 것을 얻기 위해 때로는 용기가 필요하다. 용기가 필요 없는 일은 그냥 하면 되고, 용기를 내야 하는 일은 저질러버리면 된다. 용기를 내지 않으면 아무 일도 일어나지 않고, 용기를 낸다면 어떤 일이든 일어난다. 그것이 좋은 결과로 이어진다면 성공하는 것이고, 안 좋은 결과로 이어진다면 경험이 되고 배울 것이다. '결자해지(結者解之)'라는 말이 있다. 어떤 일이나 사건을 저지른 사람이 그 일을 스스로 해결해야 한다는 의미다. 먼저 저질러놓으면 어떻게든 해결하게 되고 수습하게 된다. 정말 하고 싶은 일이 있다면 일단 저질러버려야겠다고 깨달은 에피소드였다. 사장님과 식사를 하고 약 1년 뒤, 내가 원하는 삶을 살기 위해 퇴사했다. 사장님께 조금은 죄송한 마음이 있지만, 이 책을 선물로 드리고 싶다. 사장님, 감사했습니다.

《66일 습관혁명》의 김주난 작가님

평소 자주 다니던 도서관에 빌린 책들을 반납하러 갔다. 반납함 안에 《66일 습관혁명》이라는 책이 달랑 한 권 들어 있었다. 별생각 없이 집어 목차를 읽었다. '독서 혁명, 관계 혁명, 운동… 혁명?' 독서와 인간관계에 대한 중요성은 알겠는데 운동은 혁명이라고까지 말할 게 있나? 물론 중요하겠지만 건강을 위해서, 스트레스 해소를 위해서 취미로 하는 거 아닌가 생각하며 프롤로그를 읽었다.

'당장 운동을 시작하라. 운동할 시간이 없는가? 진짜 없는가? 자신에게 물어보라. 생활 속에서 운동하라. 몸을 움직이는 것 자체가 운동이다. 운동 능력은 당신의 성공을 위한 초석이다. 운동을 통해 당신이 하는 모든 일에 자신감을 갖게 하는 체력과 건강을 챙길 수 있다. 당장 운동을 하여 당신의 영혼이 즐거워하는 활기찬 일상을 보내라.'

그때까지 운동에 대해서는 크게 감흥이 없었다. '운동이 성공을 위한 초석이라고?' 그 자리에서 책을 빌려 집으로 가져왔다. 집에 온 뒤 '그런 당신은 얼마나 운동하고 있는지 보자'라는 마음으로 책을 제대로 펼쳤다. 작가님은 극심한 심장 통증을 앓아 거의 13년을 통째로 날렸고, 인생 대부분 책도 읽지 않는 사람이었다. 그런 사람이 59세 때 우연히 도서관에 간 것을 계기로 1년 만에 500권의 책을 읽어버렸다. 그것보다 더 놀라운 것은 하루도 빠짐없이 하는 운동 루틴이었다. 기상 후 샤워하고 5분 동안 스트레칭을 하고, 팔굽혀펴기를 7개씩 3세트를 5분 동안 하고, 출근길에 전철역까지 15분을 걷는다. 전철을 기다리면서 스케이팅 자세 연습을 하면서 한 발 오래 버티기로 근력운동을 한다. 퇴근 후에는 집 근처에서 인라인스케이팅을 40분 동안 탄다. 매일 동일한 사이클로 하루에 약 100분의 생활 속 운동으로 운동 지수를 젊은 나이의 정상인 수준으로 유지하고 있다고 했다.

작가님은 57세에 스케이트를 제대로 잘 타겠다는 목표가 생겼고, 66일 동안 매주 토요일, 일요일 오전을 태릉스케이트장에서 보내기로 계획했다. 그리고 동호회에 가입해 꾸준히 스케이트 연습을 했으며 2019년 2월에 동호회 스케이트를 탄 지 3년을 맞이한다. 작가님은 이제 1,200m는 가뿐히 탈 수 있는 체력을 기르게 되었다고 한다.

'와, 이게 60세가 넘은 사람이 할 수 있는 건가? 심장병도 앓았다고 하니 체력이나 운동 신경이 타고난 것도 아닐 텐데. 30세 이상 어린 나보다 더 건강하실 것 같아. 어떻게 이렇게 할 수 있을까? 정말 대단하다'라는 생각만 들었다. 그러고 보니 운동의 중요성은 사실 이 책뿐만 아니라 여러 책에서 강조하고 있었다. 학습과 기억은 우리 선조들이 음식을 찾아다니는 데 사용하던 운동 기능과 함께 진화해왔다. 신체가 운동하면 결과적으로 뇌도 함께 운동하게 된다는 것이다. 즉, 독서만 하는 사람과 독서와 운동을 함께하는 사람은 성장 속도에서 엄청난 차이를 보인다. '그래, 다양한 책에서 독서만 강조한 게 아니라 운동을 함께 강조했어. '66일의 습관 혁명'을 이야기한 김주난 작가님도 나이가 지긋하지만 저렇게 열심히 운동하시잖아. 내가 이 책을 읽고도 운동하지 않는다면 책을 읽은 사람으로서 작가님에 대한 예의가 아니야. 오늘부터 작은 운동이라도 시작해보자!' 그날부터 나는 인스타그램에 운동한 것을 매일 인증하기 시작했다. 첫날은 턱걸이와 버피 테스트, 둘째 날은 걷고 뛰기, 셋째 날은 팔굽혀펴기, 매일 조금씩 운동을 해나갔다. 책 제목처럼 '66일'만 해보자는 생각이었다.

김주난 작가님을 만나다

운동한 지 열흘, 한 달이 지나고 어느덧 66일을 돌파했다. 회식이 있는 날은 아침에 미리 팔굽혀펴기라도 하고 출근했고, 해외 출장으로 비행기를 탄 날에도 호텔에서 윗몸일으키기를 하며 어떻게든 66일을 채웠다. 책 내용대로 66일을 하고 나니 계속하는 것이 크게 어렵지 않았다. 오히려 매일 운동하니 책을 읽더라도 이전보다 받아들이는 게 더 빨라지고, 머리가 잘 돌아가는 효능감도 있었다. 나 혼자 하기는 아까워 오픈 채팅방을 운영하며 많은 사람들과 함께하기도 했다. 운동한 지 100일을 돌파

한 어느 날, 문득 김주난 작가님은 아직도 스케이팅 연습을 하고 계실지 궁금했다. 나는 이제 100일이 지났는데 김주난 작가님은 대체 얼마나 지속해오고 있으신지, 책을 썼을 당시와 지금 심경의 변화는 없는지 등 근황이 궁금했다. 인터넷으로 검색해보니 블로그에 글을 많이 쓰시며, 온라인에서 활발하게 활동하고 계셨다. 나는 가장 최신 게시물에 댓글을 달았다.

김주난 작가님 안녕하십니까. 이 글을 읽으실지 모르겠습니다만, 《66일 습관혁명》이라는 책을 읽으면서 많은 감명과 자극을 받았습니다. (중략) 이 글이 작가님께 꼭 닿았으면 좋겠습니다. 꼭 만나 뵙기를 기원합니다. 혹은 다른 책을 쓰실 계획이라면 책에서 또 뵙겠습니다.

댓글을 쓰고 이내 바쁜 일상으로 돌아갔다. 집에 와서 블로그를 확인했는데 작가님께 답장이 와 있었다.

제 책을 읽어 준 것만도 감사한데 글까지 써주시고, 식사대접을 해주신다고 하니 너무 감사합니다. 제 번호입니다. 틈날 때 연락주세요(김주난 작가).

다음 날 오전, 보내주신 번호로 연락을 드렸다.
"안녕하세요. 블로그로 연락드렸던 신영재라고 합니다."
"아이고! 영재님, 반갑습니다! 제 책을 읽어주셔서 감사합니다. 영재님

같은 청년이 우리나라를 이끌어갈 리더가 될 분입니다. 항상 건강에 신경 쓰시고, 지금처럼 마음을 바르게 하고 살아가신다면 우리나라를 이끌 인재로 크게 성장하실 것 같습니다. 아니, 지금도 너무 훌륭하십니다. 우리나라의 미래가 밝습니다! 하하하!"

작가님은 목소리가 우렁차고 힘이 있었다. '뭐지 이 밑도 끝도 없는 긍정은? 만나본 적도 없는 내게 한국을 이끌 사람이라니….' 처음에는 조금 이상하게 느껴졌는데 통화를 하면 할수록 열정이 느껴졌고 더욱 직접 뵙고 싶어졌다.

"혹시 이번 주에 시간이 되실까요? 날짜와 시간만 알려주시면 어디든지 바로 달려가겠습니다."

"그래요. 5월 28일 일요일에 시간이 될 것 같아요. 광화문 교보문고에서 만납시다!"

만나기로 한 당일, 주말의 서울은 인파가 어마어마했다. 5월 말 서울의 햇살은 기분 나쁘지 않게 따끔했고, 걸으면 등줄기에 땀이 살짝 맺히고, 가만히 있으면 선선한 미소가 지어지는 좋은 날씨였다. 그러고 보니 책의 작가님을 만나는 것은 태어나서 처음이었다. 만나기로 한 서점에 먼저 도착해 긴장되는 마음으로 책을 읽으며 기다렸고, 드디어 김주난 작가님이 오셨다.

"안녕하세요, 영재님 맞으시죠? 반갑습니다! 저를 따라오시죠!"

1년에 500권의 독서?

식사 시간이어서 우리는 바로 식당으로 이동했다. 작가님은 광화문 교보문고를 지나며 문 앞의 테이블 하나를 손가락으로 가리키셨다.

"1년 동안 서점 문이 열리자마자 저 자리에 앉아서 문이 닫힐 때까지 책만 읽었어요. 비가 오나 눈이 오나 항상 왔고, 1년 동안 500권을 읽었어요. 권수가 많은 게 중요한 건 아니지만요. 뭐랄까 60이 될 때까지 책을 읽지 않았던 게 후회됐고, 몸이 아파서 버린 13년이라는 시간을 극복하기 위해서 절박하게 읽었어요."

"책을 어떻게 그렇게 빨리 많이 읽으세요? 저는 책 읽는 속도가 느린 것 같아요."

"책을 펴기 전에 이 책에서 어떤 걸 얻을지 생각하고 책을 펴요. 책에서 필요한 것만 찾으려는 습관을 만들어야 해요. 5페이지, 10페이지씩 훌훌 넘기세요. 그러다 보면 눈에 밟히거나 꽂히는 문장이 분명히 있어요. 흘러가는 대로 읽지 마세요. 자신에게 도움이 될 게 뭔지를 명확히 하고 읽어야 한정된 시간에 많은 것을 얻을 수 있죠. 하하."

"언제부터 그렇게 많은 독서를 하게 되셨나요?"

"지금까지 독서에 대해서는 평균 이하였어요. 제대로 책을 읽기 시작한 게 50대 끝자락이었으니까요. 하하하. 500권을 읽은 게 59세 때인데 그전에 읽은 책들을 모두 합쳐도 10권이 채 되지 않을 거예요. 그만큼 늦게 시작했어요. 모든 것이 책 속에 있더라고요. 돈을 버는 방법도 있고, 건강 관리를 어떻게 해야 하는지, 관계를 어떻게 해야 하는지, 어떻게 공부를 해야 하는지까지 다 나와 있어요. 58세에도 400분 동안 논술 40페이지를 써내야 하는 건축시공기술사 자격증을 따서 1,000세대 이상 짓는 건설 현장 감독 일을 하고, 책을 500권씩 읽고, 책도 출판했어요. 시기는 상관없어요. 누구나 할 수 있어요."

짧은 대화였지만, 통찰력과 지혜를 느낄 수 있었다. 우리는 점심을 먹고, 카페에 가서 본격적으로 대화를 나누기 시작했다.

운동 루틴

"작가님, 책을 읽으면서 정말 궁금한 부분이 있었습니다. 하루도 쉬지 않고 매일 운동을 하고 스케이팅 연습을 한다고 하셨는데요. 책에서 쓰셨던 운동 루틴은 지금도 똑같이 매일 하세요?"

작가님은 웃으면서 대답해주셨다.

"하하하, 그럼요. 나이는 영재님보다 훨씬 많지만, 생활 속에서 운동하려고 해요. 영재님께 말씀드리고 싶은 것은, 우리 몸은 정신과 육체가 같이 건강해져야 해요. 둘 다 건강하게 하는 것이 바로 운동입니다. 운동은 모든 것의 초석이 되는 거예요. 운동을 하루도 빠짐없이 10년간 한 사람과 하루도 하지 않은 사람의 차이를 상상해보세요. 언뜻 생각해도 어마어마한 차이를 만들겠죠? 저는 생활 속에서 계속 운동하려고 지금도 노력합니다. 아침에 샤워하고 바로 팔굽혀펴기를 해요. 지금도 지하철을 타고 출근하는데 역까지 15분 정도 걷고, 지하철을 기다리면서 왼쪽 다리로 버티면서 오른 다리를 쭉 뻗어 앉았다 일어났다 하면서 스피드스케이팅 자세 훈련을 해요. 하루도 빠짐없이 2시간 동안 스케이트를 타고, 주말에는 빙판 스케이트장에 가서 동호회 회원들과 운동한답니다. 어느덧 동호회 회장이 되어버렸네요."

   운동선수도 아니고, 나이가 젊은 것도 아닌데 하루도 빠짐없이 운동하고 계신다는 사실이 놀라웠다.

   "어떻게 그렇게 꾸준하게 매일 운동할 수 있나요?"

   "하하, 제가 책에 썼잖아요. 66일만 지속하면 어떤 것이든 다 습관으로 만들 수 있다고요. 66일 이후에는 관성의 힘으로 목표를 쉽게 달성할 수 있어요. 제가 지금까지 운동을 해오고 있는 게 대단한 게 아니에요. '했다'는 게 중요한 거예요. 많은 사람들이 시작을 하지 않아요. 그래서 '시작이 반이다'라는 말이 있겠죠? 저는 심장병 때문에 운동 자체를 할 수 없던 사람이에요. 운동을 시작하려고 했을 때 '혹시 심장병이 더 악화되면 어쩌지' 하는 생각에 너무 두려웠어요. 하지만 시작했어요. 시작이 반이라고 했죠? 50%는 된 거예요. 그리고 66일을 지속하면 90% 성공이에요. 평생에 걸쳐 큰 영향을 끼치는 '습관'을 만드는 게 66일밖에 안 걸린다는 사실은 엄청난 일이에요. 혁명과 같은 일이기 때문에 책 제목도 '66일 습관혁명'이라고 지었죠."

   일단 시작하면 50%, 66일이 지속하면 90%는 성공이라는 말은 일리가 있는 말이다.

목표

"작가님, 제 열정에는 파도가 있는 것 같아요. 어떤 날은 일어나자마자 '오늘 다 죽었어. 내가 세상을 부숴버리겠어. 아자!' 하는 마음이 드는가 하면 어떤 날은 세상만사가 귀찮고 아무것도 하기 싫은 날이 있어요. 어떻게 작가님처럼 꾸준하게 할 수 있을까요?"

"목표가 중요해요. 성공한 사람들은 모두 다 계획이 있었어요. 최종적으로 그 습관을 만들어서 뭘 원하는 건지, 1년 뒤에 어떻게 됐으면 좋겠는지. 원대한 목표를 세워요. 그리고 3개월, 한 달, 일주일 계획을 세우고 나면 오늘 하루는 어떻게 해야 할지가 보이는 거예요. 큰 목표를 이루기 위해 중간, 중간 세워놓은 목표들을 꼭 달성해야 해요. 달성하지 못하더라도 달성하려는 노력을 기울여야죠. 목표를 달성하는 가장 쉬운 방법은 노트에 적는 거예요. 독서든, 운동이든, 관계든 목표를 종이에 적고 달성하기 위해 노력하세요. 그럼 저절로 달성될 거예요. 저는 매일 아침에 할 일 목록을 적고 나서 하루를 시작해요. 일과 관련된 목표, 자기 계발과 관련된 목표, 꿈과 관련된 목표들을 적어요. 가능하면 이룰 수 있는 목표를 먼저 끝내려고 해요. 급하지는 않지만 제 꿈을 위해서는 꼭 필요한 일들이거든요. 그리고 하루 동안 적어놓은 목표를 달성하려고 하죠."

가장 먼저 쓰러뜨려야 할 첫 도미노

"영재님, 여기까지 와주셨으니 정말 중요한 핵심 하나 말씀드릴게요. 도미노 해봤죠?"

"네, 어릴 때 블록으로 많이 했죠. 갑자기 도미노는 왜요?"

"성공하는 방법은 도미노를 쓰러뜨리는 것과 비슷해요. 가장 먼저 쓰러뜨려야 할 첫 도미노를 뭘로 정할 건지가 매우 중요해요. 하나를 불태워 끝까지 가버리면 그때부터는 도미노처럼 쭉 갈 수 있어요. 지금 영재님은 단 하나의 도미노가 필요한 것 같아요."

"첫 도미노를 뭘로 정할까요?"

"자신에게 물어보세요. 그 일이 내가 진정으로 좋아하는 일인가? 앞으로도 하고 싶은가? 그 일로 돈을 벌 수 있나? 레버리지를 할 수 있는 일인가? 나에게 시간적 여유를 줄 수 있는 일인가? 이 세상에 실패라는 개념이 없다면 정말 하고 싶은 일이 뭔지 깊게 생각해보세요."

작가님이 반짝이는 눈으로 말씀을 이어가셨다.

"여기서 핵심은 '빼기'예요. 뺀다는 말은 욕심을 줄여야 한다는 말이고, 욕심을 줄인다는 말은 시간을 효율적으로 써야 한다는 말이에요. 제 생각에 영재님은 운동도 줄이고 처음으로 쓰러뜨릴 도미노에 모든 에너지를 집중할 시기예요. 자신에게 에너지와 동기부여를 주는 책 말고는 독서도 줄여도 될 것 같아요. 《원씽(The One Thing)》이라는 책을 보면 단 하나의 일에 집중하고 마치라고 하죠. 그 과정이 반드시 필요합니다. 단 하나의 일에 탁월한 성과를 낼 때까지 모든 것을 다 내려놓는 것도 큰 용기가 필요해요. 영재님의 인생에서 가장 중요한 것을 구별하는 능력을 기르고 가장 중요한 '단 하나'에 집중하세요."

계획적이지 않고 매사에 즉흥적인 것이 습관이 되었던 나에게 꼭 필요한 말씀이었다. 그 외에도 4시간 이상 대화를 하며 풀리지 않았던 궁금증들을 많이 해소할 수 있었다.

김주난 작가님과 함께

사인을 해달라고 건넨 책에 김주난 작가님은 이렇게 적어주셨다.

신영재 후배님! 열정적으로 살아가는 모습이 아름답습니다.
한국을 이끌 인재가 될 것이라고 확신합니다.
　　　　　　　　　　　　　　　　　　　　　　　　-작가 김주난

귀한 시간을 내어주신 작가님께 정말 감사했다. 앞으로 잘 살아가는 게 작가님에 대한 예의라는 생각을 하며 한 가지의 일을 찾아 미친 듯이 달려가리라고 다짐했다.

에이플러스 에셋 그룹 곽근호 회장님

에이플러스 에셋 그룹의 곽근호 회장님을 처음 접한 건 2014년 《착한 마케팅으로 승부하라》라는 책을 통해서였다. '착한 마케팅? 착하게 살면 바보 되는 거 아니야?'라는 생각이 들었지만 이후로 읽은 여러 책에서도 비슷한 이야기를 하는 것을 보며 진정한 기쁨과 행복은 선한 것에 있지 않을까 생각하게 된 것이다. 그리고 거의 10년이 지나서야 책꽂이에 꽂혀 있던 곽 회장님의 또 다른 책이 눈에 들어왔다.

《착한 사람이 이긴다》라는 제목부터 파격적이었다. 대놓고 착한 사람이 이긴다니. '착하면 바보 돼. 정신 똑바로 차리고 살아야 돼. 가족 빼고는 아무도 믿지 마'라는 말들이 만연한 세상이 아닌가. 약삭빠르게 행동해야 유리하다고 세상은 말하고 있었다. 그래서 그런지 책 제목이 반갑고 놀라웠다. 챕터들도 '손해가 곧 이익이다', '솔선수범, 리더의 최고의 덕목', '인재의 조건은 착함', '가장 먼저 들어가서 가장 나중에 나온다'처럼 인품을 중요시하는 내용들이었고 현재까지도 고객에게, 그리고 직원들에게 아낌없이 주는 마인드로 대기업을 경영하고 계셨다.

'이 분만 특별 케이스로 성공한 건가? 아니, 어쩌면 이게 정말 세상을 이기는 진리일지도 몰라. 그럼 이 분은 천성이 착한 분인가? 아니면 착한 사람이 이기는 걸 알고 훈련을 통해 그렇게 사시는 건가? 억지로 그렇게 사시는 건가?' 여러 궁금증이 들던 중 한 에피소드가 눈에 들어왔다. 회장님은 230명의 여직원 전체를 해외여행에 보내기로 마음먹고 절반씩 두 차례에 걸쳐 일본 후쿠오카 여행을 보내셨고, 아무 조건 없이 모든 경비를 부담한 것이다. 책에서 회장님은 이렇게 밝혔다.

나는 그 비용이 회사 손익에 어떤 영향이 있는지 따져보지 않았다. 그 이상의 가치가 있다고 믿었고, 우리 직원들이 그 믿음을 저버리지 않으리라고 확신했기 때문이다.

아무리 생각해도 쉽지 않은 일이라는 생각이 들었다. 한 명당 여행경비를 100만 원이라고 단순 계산해도 2억 3,000만 원이다. 아무리 돈이 많다고 해도 억 단위의 비용이면 기업에 좀 더 도움이 되는 일에 쓰고 싶을 것 같았다. 시설에 투자한다든지, 고객 관리에 더 많은 힘을 쓸 수도 있는 것이 아닌가? 그리고 여직원 절반이 여행을 가 있는 동안 남은 사람들이 2배의 일을 하는 것도 쉽지 않을 텐데, 업무 효율을 떨어뜨리면서까지 여행을 보내고 싶으셨던 이유는 뭘까? 책을 덮고 며칠간 고민을 거듭했다. 결론은 내가 모르는 매우 중요한 가치를 이분은 알고 계시다는 확신이 들었다. 그리고 꼭 만나봐야겠다는 생각이 들었다.

그런데 어떻게 만나지?

그런데 대기업 회장님을 이제 서른이 된 사회 초년생의 내가 어떻게 만날 수 있겠는가. 만나주실지 아닐지는 나중 일이고 일단 연락처부터 찾아보겠다고 마음먹었다. 우선 회장님에 대해 좀 더 이해할 수 있도록 쓰신 책들을 모조리 주문해서 읽었다. 인터넷에서 연락처나 메일을 한참 찾았는데 당연히 있을 리가 없었다. 그래서 회장님이 강연하셨던 학교들에 전화해서 물어보고, 회장님을 인터뷰한 기사를 쓴 기자 분들께도 메일을 보냈다. 그러나 큰 수확은 없었다. '그래, 내가 무슨 대기업 회장님을 만나냐. 책이나 열심히 읽자. 책 속에 답이 있겠지.'

하지만 책이 눈에 들어오지 않았다. 이분을 반드시 만나야겠다는 확신만 커져갔다. 해소되지 않는 삶의 해답을 알 수 있을 것만 같은 기분이 들었기 때문이다. 다시 회장님의 연락처를 찾기 시작했다. 그게 삶의 유일한 목적인 것처럼 찾았다. 이렇게까지 해서라도 만나뵙고 싶었던 이유는 나도 그렇게 살고 싶었기 때문이었던 것 같다. 할 수 있는 최선에 최선을 다하고 안되면 그때 단념하자고 마음먹었다. '정말 못 찾으면 다음 주에는 서울에 있는 에이플러스 에셋 본사 건물에 찾아갈 거야'라고 생각하며 잠들었다.

나는 호흡을 가다듬고 건물로 들어갔다. 경비 아저씨에게 제지당했는데 왠지 꼭 들어가야만 할 것 같아서 아저씨를 피해 건물 안으로 무작정 뛰어 들어갔다. 대리석 바닥을 구두로 힘껏 차면서 내가 할 수 있는 가장 큰 보폭으로 뛰었다. 그러나 불행히도 내가 가는 길목에 덩치가 큰 아저씨가 둘이나 대기하고 있었고, 나는 덩치 큰 아저씨들에게 붙잡혀 강남 길거리 한복판에 패대기쳐졌다. 누워서 나를 내려다보는 태양과 경비 아저씨들을 올려다보았다. 주변에 있던 많은 사람들이 시야에 들어왔고 나는 조롱거리가 되었다. 눈을 질끈 감았다.

꿈이었다. 정말 다행이다. 며칠 내내 곽근호 회장님을 만나겠다는 생각으로 머릿속이 가득 차 악몽까지 꾼 것이다. 식은땀을 흘리며 일어난 나는 마음을 추스르기 위해 물 한 잔을 마시고 휴대폰을 열었다. 점점 현실로 돌아온 나는 SNS로 들어갔다. 그때, '혹시 SNS 계정은 없으신가?' 하는 생각이 번뜩 들었다. 한글, 영어, 회사 이름 여러 가지를 조합해서 찾아봤는데 회장님으로 보이는 아이디는 없었다. 해시태그로 '#곽근호회장님'이라고 검색해봤다. 그러자 회장님의 강연이나 교육을 들은 분, 원래 친분이 있는 분 등이 회장님과 찍은 사진을 찾을 수 있었다. 지푸라기라도 잡는 심정으로 그런 분들에게 모조리 연락해봤다. 내 소개를 하고, 회장님을 반드시 만나야 하는 이유, 연락처나 메일주소를 아신다면 알려달라고 적었다. 불편하셨다면 죄송하다고 마무리하는 장문의 글을 약 20명 가까운 분에게 보냈다. 답장은 오지 않았다. 대부분 읽지도 않으셨다. 이 정도면 할 만큼 했다는 생각이 들었다. 하지만 거기서 포기하지 않고 다음 주에 연차를 쓰고 직접 회장님을 찾아갈 계획을 세우기 시작했다. 꿈의 내용이 현실이 되지 않길 바랐다.

갑자기 찾아온 기적

SNS를 통해 메시지를 돌리고 이틀 뒤 20명 중 딱 한 분, 한 병원의 원장님에게서 기적처럼 연락이 왔다. 답장이 온 것만으로도 너무 기뻐서 비명을 지를 뻔했다. 내 연락처를 알려드렸고 며칠 뒤 병원 원장님께서 전화를 주셨다.

"신영재님, 안녕하세요. 회장님께 말씀드려봤는데 연락처를 알려드리라고 하시네요. 회장님 연락처는 문자메시지로 남겨놓을게요. 지금 전화해보세요."

"안녕하십니까, 원장님! 정말 감사합니다. 감사합니다!"

회사 사람들과 식사를 하던 중이었는데, 먹고 있던 김치찌개를 내팽개치고 바로 밖으로 뛰쳐나갔다. 알려주신 회장님의 번호로 바로 전화를 걸었다. 통화 연결음이 들리자 머리가 멍 해졌다. '으악, 일단 전화는 걸었는데 뭐라고 말씀드려야 하지?' 연락처를 알아내 너무 기뻤던 나머지 뒤도 돌아보지 않고 통화버튼부터 눌러버린 것이다.

"여보세요.."

중저음에 약간 쉰 듯하면서도 힘 있는 목소리가 휴대폰 너머로 들려왔다.

"회장님! 안녕하십니까. 신영재라고 합니다. 회장님 책을 읽고 너무 궁금한 점이 있어서 직접 뵙고 여쭙고 싶어서 연락드렸습니다!"

"그래, 원장님 통해서 이야기 들었어. 내 비서 전화번호를 알려줄 테니까 날짜 잡아. 나는 토요일 오전에 매주 강의가 있으니까 강의 끝나고 시간 돼."

"네, 알겠습니다! 비서분과 통화해보겠습니다."

"그래, 끊거라."

5분도 채 걸리지 않은 짧고 강렬한 대화였다. 심장이 아직도 두근거리고 있었다. 얼마 뒤 알려주신 비서분의 번호로 연락을 드렸고 회장님과 만날 일정을 잡았다. 지금까지 회장님의 연락처를 알아내려고 발버둥 쳤던 모든 과정이 떠올랐다. 스스로가 대견했다. 그때 김치찌개 가게에서 동료들이 밖으로 나왔다.

"영재야! 밥 안 먹고 어디 있었던 거야. 뭐 하고 있었어?"

"중요한 일이요! 저 밥 많이 먹었어요! 하하하."

"쟤, 왜 또 저래. 자, 다들 조심히 들어가."

간절하면 반드시 이루어진다

인디언들이 기우제를 지내면 반드시 비가 온다는 이야기가 있다. 인디언들에게 비가 오지 않는다는 것은 곧 죽음을 의미한다. 농업으로 자족했던 그들은 기후에 대처할 능력도 없었고 다른 생산수단도 없었기 때문에 정말 간절한 마음으로 기우제를 지냈다. 미국 애리조나 사막의 호피부족이 기우제를 지내면 비가 올 확률이100%라고 한다. 비가 올 때까지

기우제를 지내는 그들을 비웃을 일이 아니다. 우리는 인디언처럼 간절하게 뭔가를 바라고 끈기를 가져본 적이 있는가? 막연히 세상에 대한 불만과 핑계를 대며 환경을 탓하고 있지는 않는지 스스로에게 물어보자. '나는 지금 정말 간절한가?'

간절하게 바라면 '반드시' 이루어진다. 정말이다. 지금도 세계 곳곳에서 그 사례가 쏟아지고 있다. 나 또한 몇 주간 곽근호 회장님의 연락처를 알아내겠다는 일념으로 간절하게 바라고 찾았다. 악몽을 꿀 정도였으니 말이다. 처음에는 어떻게 접근해야 할지 전혀 몰랐지만 포기하지 않고 간절하게 바라고 바라니 어떻게든 결과가 만들어졌다. 이제 회장님을 만나러 갈 일만 남았다.

곽근호 회장님을 만나다

강남역 5번 출구, 꿈에서 본 에이플러스 에셋 타워 앞에서 회장님을 만났다.

"회장님, 안녕하십니까. 오늘 뵙기로 한 신영재입니다."

"그래, 반갑다. 들어가자."

간단히 내 소개를 드리고 건물에 위치한 회장실로 초대해주셔 잠깐 담소를 나눴다. 회장님의 스토리에 입이 떡 벌어졌다. 회장님은1980년 초 삼성생명에 입사해 영업소장, 지점장 등 현장에서 창의적 아이디어로 보험 마케팅을 실천했다. 1992년 삼성그룹의 비서실에 배속되어 5년간 각 계열사의 경영진단업무를 담당하며 경영자로서의 시야와 안목을 넓혔다.

"자네는 오늘 착한 사람이 이기는 건지 물어보려고 나한테 왔잖아. 찾아와서 대답을 얻고 싶을 정도로 간절했던 것은 자네 속에 그런 마음이 있기 때문이야. 세상이 그렇지 않으니까 혼란스러웠던 거지. 내가 확실히 말해줄게. 착한 사람이 이겨. 대부분의 사람들은 이 간단한 진리를 몰라. 그러니까 그렇게 믿고 가봐."

진짜로 착한 사람이 이기는 걸까?

"회장님, 감사합니다. 말씀대로 간절하게 확인하고 싶은 마음이 컸던 것 같습니다. 그런데 지금까지 제가 들어온 말은 '착하게 살면 손해다', '착하면 바보 된다' 같은 이야기였습니다. 나는 좋은 의도로 했다고 하지만 그걸 이용하는 사람은 없을까요?"

"주변에 있는 모든 사람이, 스쳐 가는 단 한 사람조차도 우리를 지켜보고 있어. 자네가 어떻게 생각하는지는 몰라도 어떻게 행동하는지는 보여. 누군가 나에게 함부로 대하고, 나를 이용하려고 한다면 모든 사람이, 더 나아가서 이 우주가 그 일을 기억하고 있어. 우리가 한 모든 일은 언젠가는 반드시 자신에게 돌아와. 당장 눈앞의 이득을 취하기 위해서 한 얕은 행동이 곧 패배의 길, 사망의 길이야. 남이 나를 이용할 것을 걱정하기 전에 자신의 행실부터 똑바로 해. 심지어 주변에 사람이 없더라도 행동은 항상 조심해야 해."

회장님은 잠시 뜸을 들이시다 말씀을 이어가셨다.

"그리고 자네 질문에 대답해줄게. 착하면 바보가 된다는 이야기를 하는 사람들은 진정으로 착해본 적이 없는 사람들이야. 말로만 하는 것과 행동으로 보여주는 것에는 큰 차이가 있어. 말로만 섬기는 게 아니라 행동으로 배려하고 솔선수범하면 어떤 일이 일어나는지 아는가? 내가 사람들에게 한 것의 몇 배, 몇 십 배의 가치가 돌아와. 내가 행한 배려가 배려로 돌아오고, 사용한 돈이 몇 배로 돌아와. 삶을 통해 착한 행동을 보여주면 존중과 존경은 따라오게 되어있어. 이기적으로 신영재 자네가 잘되는 것만 생각해도 착하게 사는 게 이득이야. 착하게 살 수 있다면 최선을 다해 착하게 살아봐. 내가 보증할게."

인간관계의 다섯 가지 원칙

"회장님, 모든 것은 인간관계라고 하잖아요. 인간관계는 어떻게 해야 할까요?"

"모든 인간 관계는 '다경배굽사'야."

"네? 다경…, 뭐라고 하셨어요?"

"내가 철칙으로 생각하는 인간관계의 다섯 가지 원칙이 있어."

첫째, 다름을 인정하라.

이 세상의 모든 사람은 나와 다를 수밖에 없다. 생각이 같으면 우리 편, 생각이 다르면 적이라고 생각하는 사람이 있다. 그러나 이 세상의 모든 사람은 나와는 다를 수밖에 없다는 것을 인정해야 한다. 사람들과 어울린다는 것은 바로 다름을 인정하는 삶이다.

둘째, 경청하고 소통하라.

경청한다는 것은 나를 내려놓고 듣는 것이다. 나를 내려놓을 때 비로소 소통할 수 있다.

셋째, 배려하고 칭찬하라.

배려와 칭찬의 말 몇 마디가 중요한 순간에 상황을 반전시킬 수도 있다.

넷째, 굽히고 존중하라.

논쟁에서, 말싸움으로 이겼다고 치자. 어떤 득이 있는가? 아무런 도움이 되지 않는다. 스스로를 세우지 말고 몸을 낮춰 상대방을 세우는 사람이 강한 사람이다.

다섯째, 사랑하고 또 사랑하라.

사랑은 우리가 느낄 수 있는 가장 고귀한 감정이다. 남을 먼저 사랑할 때 나도 사랑받을 수 있고 사랑 안에서 우리는 기쁨을 느끼게 된다.

"다름, 경청, 배려, 굽히는 것, 사랑을 줄여서 '다경배굽사'야. 직장 상사와의 관계, 동료와의 관계, 부부와의 관계, 자식과의 관계 등 자네에게 오는 모든 인간관계를 대할 때 이 다섯 가지를 늘 생각하고, 몸에 지닌다는 생각으로 사람들을 만나."

돈, 그리고 삶의 태도

"돈에 대해서는 어떨까요? 저는 돈보다 중요한 것은 행복이 아닐까 하는 생각이 들어요. 돈이 많은 연예인들도 스스로 목숨을 끊는 것을 보면 돈이 많다고 반드시 행복한 것도 아닌 것 같고요. 돈 때문에 정신이 피폐해진다면 돈이 무슨 소용인가요? 돈에 대해서는 어떤 태도를 가져야 할까요?"

"하하하, 그래. 자네 말이 맞기도 하고 틀리기도 해. 돈과 행복이 완전히 비례하진 않아. 그런데 자네, 돈을 많이 가져봤어? 부자가 되어봐야 부자가 좋은지 안 좋은지 말할 수 있지 않겠나? 돈이 있다는 것은 삶을 자유롭게 영위할 수 있다는 뜻이야. 돈은 무조건 나쁘다는 편견을 버려. 돈은 마음껏 좋아해도 괜찮아. 돈에 솔직해지고 더 많은 돈을 벌려고 노력해. 그런데 역설적인 것은 사람들에게 줄 때 돈이 벌리는 법칙이 있어. 뭘 줄 수 있을까 고민해야지."

"감사합니다. 그럼 마지막으로, 회장님께서 서른 살로 돌아가신다면 어떤 마음가짐으로 살겠다거나 이런 가치를 좇으며 살겠다고 하시는 것이 있을까요?"

"그래, 내가 조언 하나를 해줄 수 있는 것 같네. 《내가 알고 있는 걸 당신도 알았더라면》이라는 책은 70살 이상 먹은 1,000여 명의 현자들을 직접 찾아다니며 살면서 꼭 필요한 조언을 구한 책이야. 여기서 여섯 가지 핵심적인 내용들을 전해줄게. 잘 들어."

회장님의 말씀을 정리하면 이렇다.

첫째, 소소함에 기쁨을 가져라. 작은 것에 감사하는 마음으로 살아라.

둘째, 건강 관리는 젊을 때부터 하라.

"지금 내 친구들 모두 어디 한 군데는 아프다고 앓는 소리를 해. 젊을 때부터 건강 관리에 신경 쓰고 운동해야지. 나는 이 나이 먹고도 생활 속에서 계속해서 운동하고 있어. 가능하면 계단을 이용하고, 화장실 가는 길에 철봉에 매달리고, 골프 스윙 연습도 해. 건강하지 못하면 아무것도 할 수 없어. 반대로 건강하면 어떤 일이든 할 수 있어."

셋째, 도전하라.

"나이 들어서 돌아보면 삶은 너무나도 짧아. 사람들을 많이 만나고, 여행도 많이 해. 경험을 하는 데 절대 겁을 내지 마. 시도한 모든 것이 물거품이 되었더라도 그건 또 하나의 전진이야. 인간은 시도한 것보다 시도하지 않은 것들을 더 많이 후회해."

넷째, 배우자를 고를 때는 신중 또 신중하라.

"그냥 신중하라는 게 아니야. 신중에 또 신중하라는 거야. 글자 수 채우려고 두 번 썼을까? 아니야. 배우자는 삶 전체를 뒤흔드는 일이야. 현자들은 핵심적인 가치관이 맞다면 행복한 결혼생활을 할 수 있다고 했어."

Part 2. 청년, 인생의 선배를 만나다

다섯째, 적극적으로 살아라.

"새로운 기회나 도전할 일이 생겼을 때 긍정적으로 받아들이면 훨씬 후회가 적어."

여섯째, 돈을 좇지 말고, 업의 가치를 좇아라.

"일의 가치를 찾아야 돼. 인류에 공헌하고 봉사가 되는 직장을 찾아. 진정 행복이라는 것은 남을 위하고 공헌하는 일을 할 때야. 절대 수입만 고려해서 직장을 고르지 마. 내적으로 느끼는 열정과 즐거움이 그깟 월급보다 훨씬 크고 중요해."

회장님과 점심식사도 하고, 차도 마시며 좋은 시간을 보냈다. 그렇게 궁금해하던 것들의 힌트를 얻은 기분이었다. 이후 일정이 있으셔서 책에 사인을 부탁드리고 회장실을 나왔다.

곽근호 회장님과 함께

청년다움

"회장님, 오늘 말씀 감사했습니다."

"그래, 가봐라. 자네는 잘하겠다."

"자네는 잘하겠다"는 말은 가볍게 말씀하신 것일 수도 있지만 나에게는 그 말이 엄청난 힘과 위로가 되었다. 이미 그 길을 가본 분의 응원으로 30대를 달려갈 수 있다. 회장님처럼 직원을 위하고, 고객을 위하고, 인류를 위하고, 이 세상을 위하는 착한 마음, 헌신하고 봉사하는 마음으로 미친 듯이 달리겠다. 그게 바로 행복한 삶이고, 그 마음이 있으면 오늘도 행복할 수 있다. 작은 것에 기뻐하고, 도전하는 마음으로 매사에 적극적으로 살겠다고, 일의 가치를 좇겠다고 다짐했다.

개그맨에서 사업가로 변신한 고명환 작가님

"네, 반갑습니다! 개그맨 겸 영화배우 겸 탤런트 겸 요식업 CEO 겸 베스트셀러 작가 겸 강사 고명환입니다."

무대 조명이 켜지고 관객들의 환호성이 터져 나왔다. 현재는 강연을 하며 많은 사람에게 영감을 주고 있는 고명환을 기억하는 사람이 있는가? 과거에는 개그맨 문천식과 함께 개그 프로그램에 나오며 이름을 알렸고, 영화 〈두사부일체〉의 바바리맨으로 기억하는 사람들도 있다. 과거의 모습을 기억하는 사람들은 현재 그의 모습이 많이 낯설 것이다. 나는 우연히 본 고명환 작가님의 인터뷰 영상을 통해 그가 어떻게 책을 쓰는 작가, 강사, 요식업 CEO가 되었는지 알 수 있었다.

청년 고명환, 죽음에서 돌아오다

개그맨과 배우로 활동하던 2005년, 청년 고명환은 드라마 〈해신〉 촬영을 하고 서울로 올라오는 길이었다. 깜깜한 밤, 운전을 하던 매니저는 시속 190km의 속도로 빠르게 달리는 중에 졸음운전을 하게 됐고, 15톤 트럭을 받은 뒤 중앙 분리대에 부딪쳐 차량이 전복됐다. 조수석에서 자고 있던 그는 이 사고로 눈 주위가 크게 찢어지고 갈비와 광대 등 셀 수 없이 많은 골절을 입었으며 뇌출혈에 폐와 심장의 출혈도 있었다. 대수술 후 깨어난 고명환에게 의사가 말했다.

"고명환 씨, 길어야 이틀입니다. 그것도 운이 좋았을 때 이야기고, 당장 이라도 심장이 터져 죽을 수도 있습니다. 당장 가족을 불러 유언하시고, 신변 정리도 하시기 바랍니다."

심장이 터져서 죽는다는 말을 들은 그 순간, 서른 넷의 청년 고명환의 머릿속에 한 영상이 영화처럼 펼쳐졌다. 가만히 있으려고 해도 뇌가 알아서 삶을 역재생했다. 죽음 앞에서 그의 뇌가 보여준 장면은 미친 듯이 공부했던 4개월간의 재수생 시절, 그 한순간뿐이었다. 대학개그제에서 금상을 탄 순간도, MBC 연예대상에서 남자 우수상을 받은 순간도 아니었다.

'내 삶에서 100% 내 의지로 산 기간은 그 4개월이 전부였구나. 34년을 살았는데 진짜 내 인생이라고 말할 수 있는 기간은 고작 4개월밖에 안 됐구나. 나머지 모든 인생은 끌려다니며 살았구나. 다시 일어설 수만 있다면 내 의지로 이끄는 삶을 4개월이 아니라 40개월, 아니 400개월 그 이상으로 만들 거야. 제발 한 번만 더 살 수 있는 기회를 줘.' 간절한 청년 고명환의 기도가 통했을까. 기적이 찾아왔다. 그의 심장은 터지지도 멈추지도 않았다. 이틀이 지나고 일주일이 지나자 그는 일반실로 옮겨졌고, 얼마 뒤 퇴원까지 했다.

3,000권 독서로 의지로 이끄는 삶을 살다

'이제 더는 끌려다니는 인생을 살지 않겠어.'

그는 이렇게 다짐했다. 보너스로 살게 된 두 번째 삶은 누군가가 정해 놓은 삶으로 끌려가지 않고 자신의 의지대로 살아보자고 결심했다. 그런데 답을 알 길이 없어 아내에게 책을 좀 사달라고 부탁했다. 병상에서 닥치는 대로 읽다 보니 3,000권을 읽게 되었다. 책을 읽으며 그는 '안정'을 버렸다. 잘해왔던 개그맨이 자신과 맞지 않다고 생각해 과감하게 내려놓았다. 남들이 좋다고 하는 길, 안정적이라고 하는 길, 남의 기준에 맞춰 끌려 다니는 삶을 더 이상 살고 싶지 않았다. 무엇을 할까 고민하던 중 요식업을 해야겠다는 아이디어를 떠올렸다. 사실 그는 감자탕집, 포장마차, 스낵바, 닭가슴살 사업까지 총 4번의 사업을 모조리 실패한 경험이 있었다.

'이제 감을 믿지 말고 책이 시키는 대로만 해보자'라고 생각한 그는 《손자병법》의 '도천지장법(道天地將法)'을 완전히 자신의 것으로 만들었다. '도'는 곧 철학이다. 장사할 때 돈만 밝히면 절대 성공할 수 없다고 생각했다. '맛있고, 건강한 음식을 만들자'는 가치와 철학을 정했다. '천'은 하늘의 때다. 때를 알기 위해 트렌드 관련 책을 수십 권을 읽으면서 지구온난화, 1인 가족, 고령화라는 키워드를 잡았다. '더울 때, 혼자서도 편하게 와서 먹을 수 있는 음식, 어르신들이 좋아하는 음식은 뭘까?' 이렇게 하나씩 답을 찾다 보니 메밀국수로 해야겠다는 결론에 닿게 되었다. 장사를 개시하고 나서도 가게 운영과 사업에 대한 통찰을 책에서 얻었다. 결국 메밀국수집은 월 매출 1억 원 이상의 대박 사업으로 거듭나게 된다. 그는 독서를 하며 깨달은 것을 일에 적용하고, 일에서 얻은 통찰을 자신의 책과 강의로 나누며 선한 영향력을 끼치는 사람이 되었다.

온라인으로 만난 고명환 작가님의 가르침,

'사색할 단 하나의 문장을 찾아라'

2023년 3월, SNS를 통해 고명환 작가님께서 온라인 강의를 하신다는 이야기를 듣고 얼른 신청했다. 라이브로 처음 본 인상은 자신감이 넘치고, 당당하고, 신뢰가 갔다. 한 시간이 넘도록 미친 텐션(?)으로 좋은 말씀을 많이 해주셨다.

고명환 작가님의 온라인 강연에서

"여러분, 똑같은 책을 읽어도 사람에 따라 간직해야 할 한 문장이 달라요. 독서를 통해 나에게 주는 문장은 뭘까? 사색할 단 하나의 문장을 찾는 독서를 하세요."

책 전체를 외우듯이 이해해야 한다고 생각한 나에게 하는 말씀처럼 느껴졌다. 독서는 분명한 목적을 갖고 해야 한다. '딱 한 줄'도 그 목적이 될 수 있다. 책 한 권을 단번에 모두 내 것으로 만들겠다는 부담을 버리고, 현재 직면한 문제에 필요한 단 한 줄의 문장을 찾겠다는 마음가짐으로 독서에 임하면 오히려 집중력이 올라간다. 이렇게 생각하면 독서에 대한 부담감이 줄어들 뿐만 아니라 실질적인 고민을 해결할 실마리를 얻을 수 있다.

"책에서 딱 한 문장만 내 삶에 적용해서 살아보겠다고 생각해보세요. 그렇게 한 줄씩 쌓인 문장들이 세상을 꿰뚫어 보는 나만의 직관이 됩니다."

이 강의를 듣고부터 책 한 권에서 딱 한 문장만 내 것으로 만들자는 생각으로 책을 읽었다. 2023년 100권 이상의 책을 읽었다. 한 권에 한 문장이라도 내 삶에는 100가지 이상의 적용점이 생긴 것이다. 이 개념이 없었다면 텅 빈 독서가 될 수도 있었다. 오늘도 고명환 작가님의 이 가르침을 기억하며 책을 펼친다.

죽음을 앞두고 후회하는 것

"죽음을 앞둔 사람들이 가장 후회하는 것이 뭔지 아세요? 첫 번째는 남을 사랑하지 못한 것, 두 번째가 좀 더 나답게 살지 못한 것입니다."

임종을 앞둔 사람들 중 '돈을 더 많이 벌었어야 해'하고 후회하는 사람은 한 명도 없다. 단 한 명도 없다. '그깟 돈이 뭐라고 아등바등 살았을까,

좀 더 나답게 살 걸' 하고 후회하는 사람이 대부분이다. 지금 당장 죽어도 행복하게 죽을 수 있게 오늘을 살아야 한다. 억지로 사는 삶이 아니라 충만한 기쁨과 감사로 하루를 사는 것이다. 그렇게 살 수 있는 아주 쉬운 팁이 남을 위해 사는 것이다.

고명환 작가님은 "현재의 위치에 진리가 있다", "지금 있는 곳을 잘되게 하라", "남을 위해 살아보라" 등의 말씀을 하셨다. 내 삶은 출퇴근의 반복인 매일이 똑같은 하루였다. 크게 더 배울 게 있을 것 같지도 않았다. 하지만 고명환 작가의 이 가르침으로 '어떻게 이 회사를 잘되게 할까', '고객에게 어필할 수 있는 포인트는 뭘까', '팀장님과 후배를 어떻게 더 잘되게 할까'를 생각하게 됐다. 주말에도 운전하다가 아이디어가 떠올라 실험과 측정을 하러 회사에 가기도 하고, 후배의 발표 대본을 윗사람에게 어필할 수 있는 문장으로 수정해주기도 했다.

내가 생각하던 게 들어맞아갈 때 희열과 보람을 느꼈다. 조직에 기여하고 있다는 뿌듯함도 생겼다. 평일과 주말의 경계가 사라지고 하루가 즐거워지기 시작했다. 연구소에서는 더 이상 배울 게 없다고 생각했는데 임원분들과 친해지며 영업 전략이나 회사의 장기적 목표를 함께 세워가는 과정들에는 굉장히 배울 점이 많았고, 반도체 트렌드에 대해서도 아직 모르는 부분이 많았다. 환경은 똑같은데 그 환경을 대하는 내가 달라진 것이다. 이렇게 사는 게 행복이라는 것을 느끼게 되었다. 남의 시선을 의식하고, 우월하고 싶은 감정은 1차원적인 것이다. 어떻게 행복하게 살지, 왜 살고 있는지를 위대하게 생각해볼 필요가 있다. 나답게 사는 것은 이

기적인 모습이 아닌 남을 위하는 것이다. 그게 진정 행복한 삶이자 나다운 삶이라는 것이 고명환 작가님의 가르침이었다.

고명환 작가님을 만나다

작가님은 매일 아침, 남을 위해서 영감이 될 수 있는 좋은 말씀을 해주시고, 긍정 확언을 외치신다. 출근할 때 주로 영상을 보면서 영감을 얻고 작가님을 따라 함께 확언을 외치면서 긍정의 에너지를 듬뿍 받는다. 그러면 하루를 힘차게 시작할 수 있다. 4월의 아침, 작가님이 영상에서 무료 강의를 한다고 말씀하셨다. 강의 날짜는 바로 다음 날이었고, 모집인원은 15명 선착순이었다. 업로드된 지 20분도 채 되지 않은 시점이었다. 바로 신청 메일을 보냈고, 당첨이라는 답변이 왔다.

보내주신 주소로 가보니 카페 같은 공간에 작가님이 계셨다. 1년 이상 매일 아침 영상으로 본 얼굴이 눈앞에 있는 게 신기했다. 영상과는 다르게 아우라가 느껴졌다. 오늘은 특이하게 직접 요리를 하시며 강의도 해주시고 간단한 요리도 알려주신다고 했다. 강의라기보다 편안한 분위기에서 친근한 형과 노는 분위기였다.

"여러분 제 인생에서 가장 잘 배웠다고 생각한 게 뭔지 아세요? 개그? 연기? 글쓰기? 아닙니다. 바로 요리입니다."

준비하신 냄비에 밥을 안치고, 삶은 나물의 물기를 손으로 짜면서 말씀하셨다.

"제가 간곡하게 부탁드리고 싶은 게 요리를 배우시라는 거예요. 장이 제2의 뇌입니다. 의욕이 없어지고, 열정이 없어지고, 아이디어가 생기지 않고, 무기력해지는 큰 이유가 먹는 것 때문입니다. 마흔 살까진 아무거나 먹어도 별 탈이 없어요. 근데 지금 제 연예인 친구들 보잖아요. 다들 한 군데씩 아파요. 먹는 것만 제대로 해서 먹어도 건강은 물론이고 모든 방면에서 더 나은 삶을 누릴 수 있어요. 오죽했으면 요리 강좌를 열어서라도 여러분에게 요리를 시키려고 하겠어요? 하하하. 두려워하지 말고 그냥 하라는 대로 해보세요. 완벽하게 계량하고, 순서 따지고 할 필요 없습니다. 어차피 맛은 똑같아요. 이것저것 다 따지면 요리 시작 못합니다."

간곡하게 부탁하실 정도라니. 운동보다 요리와 먹는 것이 더 중요하다고 하시니 다시 한번 생각해보게 된다. 우리가 살기 위해서 가장 중요한 것이 음식이다. 우리가 먹는 것이 곧 우리 자신이라는 말이 있다. 얼마나 좋은 음식을 먹느냐가 건강과 직결되기 때문이다. 건강한 식습관은 단순히 우리의 일상적인 선택을 넘어, 몸과 마음에 광범위한 긍정적인 혹은 부정적인 영향을 미친다. 신체의 모든 기능을 올바르게 작동시키기 위해서 잘 먹어야 한다. 나에게 있어 음식은 단순히 허기를 채우기만 하면 되는 것이었다. 요리를 해볼 생각이 없었고, 이렇게까지 중요하게 생각해본 적도 없었다. 이 기회에 쉽고 간단한 요리를 시작해보자고 마음먹었다.

훔치는 기술

고명환 작가님은 이번에는 소금 김밥을 만들어주신다고 하며 잘게 자른 청양고추를 밥에 넣고 김 위에 얇게 폈다. 그리고 말씀을 이어가셨다.

"사이토 다카시의 《일류의 조건》에서 첫 번째로 나오는 것이 '훔치는 힘'입니다."

모든 것에는 전문가가 있다. 요리에도 전문가가 있고, 강의에도 전문가가 있다. 그 전문가의 방식과 행동을 관찰하고 그 기술을 훔쳐 내 것으로 만들어 숙달시킨다. 머리로만 아는 것이 아니라 자신의 생활에 녹여 습관화하는 것이다. 훔친다는 것은 완전히 베끼는 것이 아니다. 장편소설 《해리포터》를 등장인물과 배경, 내용까지 완전히 베끼면 그건 표절이지 훔치는 것이 아니다. 훔치는 것은 '이 작품이 대작인 이유가 뭘까? 여기에 담긴 인물들의 이야기를 풀어내는 방식은 무엇일까? 사람들이 매력을 느낀 지점은 어디일까?' 등 구조나 전개 방식, 메커니즘, 노하우를 훔치라는 뜻이다. 소설이 아니라 다른 분야는 그대로 베껴도 표절이 아닌 것들도 있다. 예를 들어 NBA 농구선수 코비 브라이언트(Kobe Bryant)는 마이클 조던(Michael Jordan)의 모든 기술을 훔쳤다. 손끝, 발끝까지 완전히 똑같이 할 수 있도록 연습해 세계 최고의 선수가 되었다. 어떤 것을 어떻게 훔칠지 전략을 가져야 한다. 기술을 훔치려면 눈으로 보는 것만으로는 부족하다. 범위를 좁혀 반드시 훔쳐야 할 핵심을 찾아내야 한다. 이 핵심을 걸러내는 과정이 곧 기술을 훔치기 위한 밑바탕이 된다. 훔치는 것도 어마어마한 노력이 필요하다. 이미 경지에 오른 사람들의 노하우를 훔치는 것이 훨씬 빠르게 성장하는 방법이다. 우리는 조금이라도 많이, 더 많은 사람의 노하우를 훔쳐야 한다.

책 쓰기

"우리는 반드시 책을 써야 합니다. 지금이 4월이니 두 달 안에 투고를 해보겠다는 생각을 갖고 글을 써보세요."

듣고 있던 한 사람이 질문했다.

"성공하지도 않았는데 어떻게 책을 쓰나요?"

대부분이 이렇게 생각한다. '내가 어떻게 책을 써. 성공하지도 않았는데 어떻게 출판해.' 그러나 우리 한 사람, 한 사람은 모두 제각기 다른 삶을 살고 있고, 자신만의 이야기가 있으니 연습만 한다면 충분히 글을 쓸 수 있다.

"그렇다면 제가 책을 어떻게 출판하는지 디테일하게 알려드릴게요."

작가님이 말씀하신 책 출판하는 법을 정리하면 다음과 같다.

고명환 작가님이 말하는 책 출판하는 팁

1. 제목 쓰기
어차피 내가 보낸 제목대로 채택되지 않을 가능성이 크다. 편하게 쓰자.

2. 개요
이 책 전체를 통해 하고 싶은 이야기를 적자. 예를 들어, '이 책은 독서로 1년에 10억 원의 매출을 올린 경험과 사례, 팁들을 담았습니다. 본질은 독서에 대한 이야기입니다'라고 명확하게 하고 싶은 이야기를 쓰자.

---

3. 목차 구성하기

적어보고 싶은 내용을 큰 목차 A, B, C, D, E로 나눈다. 그리고 각각의 큰 목차에서 소주제를 각각 5가지로 나눈다(A-1, A-2, A-3, A-4, A-5, B-1…). 이렇게만 해도 총 25가지가 나온다.

4. 25가지 중 가장 자신 있고 지금이라도 쓸 수 있는 것을 2개 쓰자(한글 파일에서 A4 1장 반 전후만 쓰자. 너무 많이 써도 출판사에서 읽지 않는다).

5. 맺음말

6. 내 책의 홍보 및 판매 전략 쓰기

출판사에서는 보통 2,000부가 손익 분기점이기 때문에 2,000부를 팔 수 있을 것인가를 생각한다. 자신의 지인, SNS, 약간의 과장 등 동원할 수 있는 모든 것을 다 동원해서 대략 2,000부 이상 팔겠다는 믿음을 주면 된다.

7. 서점의 신간 코너에 가서 출판사 100곳에 이메일 보내기

신간 코너면 아직 망한 출판사는 아니다. 거절을 두려워하지 말고 보내보자. 거절하면서 피드백을 주는 곳이 있다면 그것만으로도 얻는 게 있다. 글을 수정할 수 있는 좋은 기회를 얻었으니 말이다.

"자신이 구성해놓은 목차를 계속 갖고 다니세요. 일상을 살아가면서 계속 쓸 내용들을 생각해보고, 여러 가지 주제로 그 폼에 맞게 써보는 거예요. 그렇게 쓰다 보면 자신의 스타일이 생기고 실력도 늘어요. 일단 데

드라인을 정해놓고 그때까지 죽이 되든 밥이 되든 써보세요."

고명환 작가님의 이 말씀으로 한 분이 책을 써서 곧 출판을 앞두고 있다고 하셨다. 나같은 일반인도 책을 쓸 수 있다는 사실에 놀랐다.

고명환 작가님과 함께(좌), 고명환 작가님이 남겨준 사인과 메시지(우)

나도 이렇게 책을 썼다. 책을 쓰면서 과거의 모습을 돌아볼 수 있었고, 현재 내 모습을 직시했으며, 미래를 그려볼 수 있었다. 솔직한 생각을 글로 적는 것이 자신의 정체성을 찾아가는 과정이다. 당신이 책을 썼다고 상상해보라. 고뇌의 시간 동안 얼마나 성장할지 상상이 가는가? 책을 쓴다는 것은 자신을 향한 엄청난 도전이지만 결코 불가능한 일은 아니다. 지금 노트를 펴고 한 줄의 일기부터 적어보자. 그 한 줄이 책 쓰기의 시작이다.

고명환 작가님에게서 받은 긍정적인 영향력

매일 아침, 고명환 작가님의 짧은 강의와 긍정 확언 영상으로 하루를 시작한다. 듣다 보면 정말 우리를 어떻게든 바꿔보려고 노력하고, 남을 어떻게 도와줄 수 있을까 고민하는 작가님의 마음이 느껴진다. 덕분에 나도 독서법이나 생각하는 힘을 배울 수 있었고, 영상을 1년 이상 매일 보며 긍정 확언을 따라 외쳤다. 어느 날 마르쿠스 아우렐리우스(Marcus Aurelius Antoninus)의 《명상록》을 읽으며 한 문장을 만났다.

아무런 유익도 없는 일들에 쓸데없이 이리저리 끌려다니는 것을 멈추라.

이런 문장은 하루 동안 생각해볼 만한 문장이라고 느꼈다. 관계에 대해 고민하고, 다음 주의 바쁜 일정에 스트레스를 받고 있던 나는 세상에 이리저리 끌려다니고 있었던 것이다. 끌려다니는 삶을 살지 않겠다고 다짐했던 고명환 작가님이 생각나면서 나도 매일 영상을 올려보겠다는 아이디어를 얻었다. 바로 계정을 만들었고 다음 날 아침, 머리도 감지 않은 채 무작정 카메라를 켰다.

"안녕하세요. 아무런 유익도 없는 일에 끌려다니지 않는 오늘이 되면 좋겠습니다."

말도 더듬고, 형편없었지만 그냥 올렸다. 하루 동안 생각해볼 수 있는 문장을 내 입으로 말하는 것에 의의가 있었다.

그렇게 매일 생각할 수 있는 한 문장과 긍정 확언을 외치면서 스스로에게 동기부여를 주고 있다. 아침을 시작하는 나만의 루틴이 되었고 하루 동안 아침에 말했던 이야기를 곱씹으면서 좀 더 현명하게 살려고 노력하고 있다.

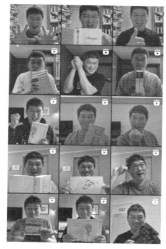 

고명환 TV의 매일 영상(좌), 고명환 작가님을 따라 시작한 매일 영상(우)

오늘도 고명환 작가님은 새벽같이 남산도서관에 가신다고 한다. 독서 자체가 목적이고 행복한 삶이라고 하신다. 돈보다 중요한 것이 삶의 태도다. 언젠가 고명환 작가님의 아내분께서 "당신처럼 살면 실패하진 않을 것 같아. 뭔가 당연히 잘될 것 같아"라고 말씀하셨다고 한다. 그렇다. 누가 보더라도 '잘될 것처럼' 살면 된다. 나도 누군가에게 "너는 당연히 잘될 것 같아"라는 말을 듣도록, 고명환 작가님처럼 끌려다니는 삶을 살지 않도록, 오늘도 심장이 뛰는 일을 하고 싶다.

인생의 멘토 오픈마인드 님

자기계발서로 접근한 성경책

삶을 더 잘 살기 위해, 해답을 찾기 위해 미친 듯이 책을 읽어나갔다. 자기계발서의 내용들을 하나씩 내 것으로 받아들이며 책의 내용들을 실천했다. 그러던 중 성경책도 읽어봐야겠다는 생각이 들었다. 여러 자기계발서에서 공통적으로 성경이야말로 자기계발서의 끝판왕이며, 요즘의 자기계발서 모두 성경에 있는 이야기를 현대의 말과 사례로 풀어낸 것이라는 내용을 읽었다. 그 말은 즉, 성경책 한 권만 온전히 이해하면 수백 권의 책을 이해하는 것과 같다는 말이 아닌가?

독서에 자신감이 붙어 있던 나는 곧바로 두꺼운 성경책을 펼쳤다. 놀랍게도 몇 시간을 들여다봐도 이해되는 말이 하나도 없었다. 분명 몇 년 전에 읽었는데 그때 제대로 이해한 게 아니었다는 생각이 들었다. 단어나 지명, 인물, 역사의 순서 같은 것들을 전혀 구분할 수 없었다. 초등학생을 위한 성경도 읽어보고 유튜브에서 설명해주는 것도 봤다. 하지만 배경지식이 전혀 없는 나에게는 '소 귀에 경 읽기'가 따로 없었다. '교회에 다니는 그 많은 사람들이 이걸 진짜 다 이해하면서 다니는 건가? 아니면 모르니까 이해하려고 가는 건가?' 교회로 가서 성경을 풀어주는 목사님의 말씀을 들어봐야겠다는 생각이 들었다. 그렇게 2023년 어느 봄날, 처음으로 교회에 발을 디뎠다.

당시 내가 살던 곳 근처에서 가장 큰 교회인 '송탄중앙침례교회'를 선택했다. 그렇게 규모가 있는 교회가 사이비는 아니겠지 생각하면서 말이다. 일요일 오전 10시, 떨리는 마음으로 교회에 들어섰다. 누가 인사라도 건넬까 싶어 고개를 푹 숙인 채 맨 뒷자리에 앉았다. 설교가 이해될까 반신반의하며 귀를 기울이고 있었는데 깜짝 놀랄 만큼 이해가 잘되었다. 정말로 자기계발서의 내용과 일치하는 부분이 많았다. 왜 위기를 위험이 아닌 기회로 봐야 하는지, 왜 위기의 순간에 문제를 똑바로 직면해야 하는지, 왜 남의 탓으로 돌리지 않아야 하는지 등을 말씀해주셨다. 말씀을 들으면서 몇 번이나 탄성을 질렀다. '와! 목사님 통찰력이 정말 대단하시다.'

지금껏 혼자 생각해오고 있던 것과 방향이 완벽히 일치하는 말씀들이었다. 성경책에 나오는 인물이나 장소 등의 단어가 어려운 것이지 핵심은 단순 명료하다고 느끼며 그렇게 나는 교회에 정착하게 되었다. 이 교회가 오픈마인드 김양구 님이 다니시는 교회였고, 한참동안 우리는 서로의 존재를 모르고 지냈다.

오픈마인드 님이 누구야?

몇 달이 지난 뒤 나는 청년부로 옮기게 되었다. 오픈마인드 님은 청년부를 담당하는 부장 선생님으로 계셨는데, 어느 날 오픈마인드 님의 농장에서 청년들끼리 식사를 한다는 소식을 들었다. 오픈마인드 님에 대해 잘 모르는 상황이었고, 농장에서 회식을 한다는 게 무슨 말인가 싶어 다른 청년에게 물어봤다.

"농장이 뭐예요? 농사를 짓는 곳이에요?"

"장로님(오픈마인드)께서 일하시는 곳인데 사무실도 있고, 곤충을 체험할 수 있는 체험장, 편하게 휴식을 취할 수 있는 트리 하우스도 있어. 책도 쓰고 강의도 하시는 대단한 분이야."

나중에야 제대로 알았지만, 유튜버로 활동 중인 오픈마인드 님은《오르는 땅은 이미 정해져 있다》,《오르는 땅의 비밀 노트》,《생각이 운명을 가른다》책 세 권을 출간한 저자로 우리나라 최고의 토지 투자 전문가 중 한 분이었다.

나는 다른 말보다 책을 쓴 작가라는 말에 깜짝 놀랐다. 그때는 일반인이 책을 쓴다는 것을 상상도 할 수 없었다. '책을 썼다니, 대체 어떤 사람이지?' 그 자리에서 오픈마인드 님의 저서《오르는 땅의 비밀노트》를 주문했다. 책 제목을 보니 토지와 관련된 부동산 투자 책이었다. 마침 당시에 부동산에 관심이 생기고 있을 때라 아파트를 매매해 이사한 상황이었고, 경매 공부도 하고 있던 차였지만, 토지는 생소한 분야였다. 대충 훑어만 보자는 생각으로 책을 펼쳤다. 그런데 프롤로그부터 망치로 머리를 얻어맞은 듯한 기분이 들었다.

당신이 생각하는 것 이상으로 당신은 능력이 있습니다. 당신 내면에는 아직도 개발되지 않은 무궁한 잠재력이 있고, 당신이 불러주기만을 고대하고 있습니다. 당신은 이 땅에 태어날 때부터 뭔가 위대한 일을 하기 위해서, 많은 사람들에게 도움을 줄 수 있는 멋진 일을 하기 위해서 태어났습니다. 그렇게 믿고 달려가보세요. 믿으면 꿈이 되고, 믿지 않으면 지금의 현실로 되돌아갑니다. 이 책이 당신의 인생을 바꿀 수 있기를 기대해봅니다.

'내 안에 진짜 그런 능력이 있나? 이런 나도 남을 도울 수 있는 일을 할 수 있는 걸까? 이분은 인생에서 중요한 무언가를 깨달은 분이 틀림없어. 반드시 만나서 삶에 대해 궁금했던 부분들을 모조리 물어봐야겠어!'라고 생각했다. 책을 쭉쭉 읽어갈수록 그 내용은 놀라웠다. 적은 금액으로도 2년 안에 100% 이상의 수익을 본 살아 있는 사례가 대부분이었다. 동화 같은 이야기가 아니라 10년도 채 되지 않은 최근에 실제로 일어난 일들이었기에 더욱 놀라웠다. 동시에 나는 '이런 방법들을 왜 다 알려주는 걸까? 자신이 하면 될 텐데…' 하는 이런저런 의문이 들었다. 내가 다니는 교회에 이런 분이 있다는 것을 전혀 몰랐다니! 아니, 몇 개월 만에라도 알게 된 게 다행인가 생각하며 오픈마인드 님의 사무실에 갈 날만 손꼽아 기다렸다.

오픈마인드 님과의 첫 만남

그리고 2023년 11월 19일, 회식 날이 되었다. 예배를 마치고 바로 출발해 조금 일찍 도착했다. 책에서 본 익숙한 얼굴의 그분이 문을 열고 나오셨다. 날씨가 꽤 추웠는데 평범한 노란색 반팔 티와 목장갑 차림이 친근한 삼촌처럼 느껴졌다.

"이름이 뭐지?"

"신영재입니다! 안녕하십니까."

"어디서 많이 본 것 같다? 축구 나오니?"

"아닙니다. 처음 뵙습니다."

이 짧은 대화가 인생 멘토와의 첫 대화였다. 어디서 많이 본 것 같다고 하셨는데 나도 오랫동안 알고 있던 이웃의 삼촌처럼 낯이 익은 묘한 느낌이었다. 오픈마인드 님은 사무실 마당의 꽤 큰 화덕에 여러 고기를 구워 대접해주셨고, 이 테이블 저 테이블 다니시며 청년들과 이야기를 나누셨다. 잠시 뒤, 우리가 있는 테이블로 오셨고 나는 용기를 내 말을 꺼냈다.

"책 잘 읽었습니다. 너무 감명 깊게 읽어서 편지도 썼습니다! 사인을 받으려고 책도 가져왔어요."

부끄러웠지만 용기 내서 말을 꺼냈다. 옆에 있는 친구가 거들었다.

"장로님, 얘 진짜 독특해요. 책도 엄청 읽고, 궁금하다고 책 쓴 작가들을 찾아다니면서 인터뷰도 해요."

오픈마인드 님이 잠시 가만히 계시더니 내 눈을 보면서 말씀하셨다.

"정말 간절히 원하면 진짜로 돼. 음, 너는 간절함이 보이는데?"

그때 나는 그렇게 찾아 헤매던 사람을 발견했음을 직감했다. 내가 읽고 느낀 것을 그대로 말하는 분은 처음 봐서 신이 났다. 식사 이후 청년들을 불러 모은 오픈마인드 님은 삶과 열정에 대한 강의를 짧게 해주셨고, 나는 맨 앞에서 반짝이는 눈으로 말씀을 귀담아들었다.

"너희들이 현재 하고 있는 일을 기쁜 마음으로 소명감을 갖고 해야 해. 내가 지금 하는 일이 사람들에게 어떤 좋은 영향을 미칠 수 있을까 항상 생각하면서 살라는 이야기야. 너희가 다른 사람을 위해 기여한다면 돈은 저절로 들어오게 되어 있어. 다른 사람의 성공에 너희의 모든 것을 걸어봐. 그런 태도로 살면 기회가 반드시 찾아오게 되어 있어. 그리고 성공은 반드시 실패를 동반해. 아무것도 안 하면 실패도 안 해. 성공의 길에 반드시 실패가 있다면 실패를 두려워할 게 아니라 환영해야 하지 않겠니? 실패야! 와라! 너를 넘어야 성공이 있다면 얼마든 받아줄게 하는 마음으로 부딪쳐야겠지? 너희가 계속 평택에 살 거라면 반드시 평택 고덕 신도시로 와야 해. 앞으로 고덕이 어떻게 될 곳인지 설명해줄게."

직장에 다니고 결혼을 앞둔 청년들이 앞으로 무엇을 위해 일해야 하며, 어떤 마음가짐으로 살아야 하는지, 어디에 집을 구해야 하는지, 매우 디테일한 내용을 열정적으로 강의해주셨다. 읽어왔던 책들을 사람으로 빚어내면 이분이겠다는 생각마저 들었다. 강의가 끝나고 어수선한 분위기 속에서 나는 책에서 느낀 감동을 적은 편지를 드리며 이렇게 말했다.

"장로님, 책에서 정말 독자를 변화시키고자 하는 마음이 느껴졌습니다. 제가 정말 간절했나 생각하게 된 하루였습니다. 목숨을 걸어야겠다는 생각이 들었어요. 실제로 그렇게 살고 계신 분을 이렇게 직접 뵙고 보니 저도 할 수 있을 것 같다는 자신감이 생겨요. 저도 세상에 선한 영향력을 전달하고 남들을 이롭게 하는 사람이 되겠습니다. 사인, 부탁드립니다!"

오픈마인드 님은 청년이 자신의 책을 가져온 건 처음이라며 이렇게 적어주셨다.

신영재 청년! 정말 간절하면 '반드시' 이루어집니다. 저자 김양구. 인생의 변화를 기대하며….

오픈마인드 님과 함께

집으로 돌아가는 차 안에서 생각했다.

'그래, 정말 간절하면 이루어져. 책에서만 나오는 이야기가 아니야. 이건 너무나 리얼한 현실이야. 내가 읽었던 모든 책에 나왔던 성공한 사람들의 이야기는 진짜였다고! 평범했던 오픈마인드 님도 생각 하나로 인생이 뒤집어졌잖아. 저렇게 살고 계신 것이 그 증거잖아. 나도 정말 간절하게 바라고, 행동하자. 진짜 뒤집어보자. 나도 할 수 있어!'

집에 도착하고 함께 찍은 사진을 오픈마인드 님께 카톡으로 보내드렸다. 잠시 후 청년이 열심히 하는 모습이 보기 좋다며 영상 몇 개를 보내주셨다. 오픈마인드 채널의 동기부여 영상이었다.

"지금 당장 꿈을 위해서 새벽 5시에 일어나 책을 읽고 운동을 시작할 수 있나요?"

"지금 당장 꿈을 위해서 자신만의 루틴을 만들어 1년 이상 지속적으로 행동할 수 있나요?"

"이 모든 것을 즉시 다시 시작할 수 있는 용기가 있었기에 저는 성공적인 삶을 살아가고 있습니다. 하고자 하는 의지가 여러분을 성공으로 이끄는 시작점이 될 수 있다는 사실을 꼭 기억해주길 바랍니다."

영상 속의 질문들을 듣자마자 망설임 없이 "네!"라고 대답했다. 이미 내가 실천하고 있는 것들이었다. 그런데 이상했다. 나도 실천하고 있는데 왜 내 삶은 크게 달라진 게 없지? 실행한 기간이 짧아서 그런가? 겉으로 보기에 나는 남들과 똑같은 그냥 직장인일 뿐이었다.

'장로님은 지금 나에게 뭐라고 해주실까? 내 인생에 큰 변화가 없는 이유는 무엇일까? 장로님이라면 정답을 아실 것 같아. 언젠가 또 뵙게 되는 날 여쭤봐야지.'

오랜만에 너무나 두근거리는 하루를 보냈기에 쉽사리 잠이 오지 않았다.

부모님께 선전포고하다

성공한 사람들과 작가들의 삶의 지혜를 얻기 위해 서울로 부산으로 이리저리 다닐 게 아니었다. 누구보다 통찰력 있고 제대로 생각하는 성공한 분이 바로 내 근처에 계셨다. 하루 종일 오픈마인드 님이 생각나고 따라가고 싶다는 마음이 요동쳤다. 그 주의 주말, 바로 본가인 대구로 내려가 부모님께 말씀드렸다.

"저, 따라가고 싶은 사람이 생겼어요. 다음에 대구에 내려올 때는 퇴사했을지도 몰라요."

오픈마인드 님을 만난 이후 한 번도 연락한 적은 없지만, 나도 모르게 그렇게 부모님께 선전포고를 해버렸다. 그분이 나를 이끌어주실 이유가 하나도 없다는 걸 알면서도 부모님께 그렇게 말해야 할 것 같은 기분이 들었다.

"내가 미래에 되고 싶은 모습의 분이에요. 나이가 든다면 그렇게 나이 들고 싶어요. 그분 옆에 있으면 그렇게 될 수 있을 것 같아요."

어머니는 기겁을 하셨다.

"아니, 그 좋은 회사를 왜 그만둬! 급여도 많고, 스트레스도 별로 없잖니. 다른 것보다 사람들이 좋잖아! 지금처럼 회사에 다니면서 공부도 하면 되잖니?"

일리 있는 말이었다. 요즘처럼 사람이 까다로운 시대에 이만한 회사는 없었다. 좋은 동료들과 함께 일할 수 있고 고과도 좋았는데 퇴사한다고 하니 부모님은 놀라셨다. 하지만 나에게는 그런 게 중요하지 않았다.

"엄마, 저는 행복하게 살고 싶어요. 남을 위해서 일하는 건 싫어요. 죽기 전에 내 뜻대로 살아보지 못한 것에 대해 후회하면서 눈을 감고 싶지 않아요. 회사는 언젠가는 반드시 그만둘 거예요. 회사를 그만둔다면 하루라도 빨리 그만두는 게 맞지 않겠어요? 붕어빵 하나를 팔더라도 내 일을 하고 싶어요."

열정이 앞서다 보니 이미 퇴사를 결정한 사람처럼 말해버렸다. 아무튼 그렇게 강하게 밀어붙이니 어머니는 아무 말도 하지 못하셨다. 당신이 살아오신 삶을 돌이켜봤을 때 안정적인 삶과 정반대의 길을 가려고 하는 나를 말리고 싶으신 것은 당연하겠지만 행복을 찾아 떠나고 싶다는 아들을 말릴 수 있는 부모가 얼마나 있을까? 그렇게 부모님께 선전포고를 하고 평택으로 올라왔다.

한 통의 전화

그러나 오픈마인드 님과의 교류는 거의 없었다. 당연했다. 그렇게 성공한 분이 나를 만나줄 이유가 전혀 없지 않은가? 감히 먼저 연락한다는 건 생각하지도 않았다. '근처에 정답을 알고 계신 분이 있는데…' 하는 마음을 가진 채 마음 편하지 않은 일상을 보내고 있었다. 여느 때처럼 책을 읽고 SNS에 글을 썼는데 오픈마인드 님이 전화를 주셨다. '헉, 무슨 일이시지?' 하며 긴장된 마음으로 전화를 받았다.

"오늘 글 올린 거 잘 봤어. 그리고 네가 지금까지 해온 독서나 글 쓴 것들도 쭉 봤어. 근데 영재 너, 그렇게 계속하잖아? 그럼 반드시 성공해. 내가 찾던 사람이 너 같은 유형의 사람이야."

대뜸 성공할 거라니? 그리고 찾던 사람이라니?

"안녕하세요! 잘 지내셨습니까? 그런데 그게 무슨 말씀이세요? 제가 성공한다니요?"

"모든 것은 의지에서 시작된단다. 대다수의 사람들은 의지조차 갖지 않아. 그런데 너는 의지를 행동으로 옮기고 습관으로 만들어서 자신의 한계를 깨려고 하는 모습이 굉장히 놀라워. 너처럼 꾸준한 사람은 극히 일부야. 조금 하다가 지치면 언제든지 그만둬버리는 것이 사람인데 너는 좀 달라. 성공한 사람들의 공통적인 특징이 많이 보여."

감사한 마음과 어리둥절함으로 오픈마인드 님께 되물었다.

"책에 이미 쓰여 있는 것들을 하는 건데, 그렇게 놀랄 일인가요?"

"사람들은 정답을 알려줘도 하지 않아. 책에서 하라고 한다고 해서 하는 사람은 거의 없어. 네가 지금 얼마나 가치 있는 일을 하고 있는지 아직 잘 모를 거야. 그렇지만 나는 그 길을 가봤고, 앞으로 어떻게 될지도 확실히 알아. 네가 성공하는 건 시간 문제야. 길이 없어 보이고 막연하고 불안한 마음일 거야. 성공이라는 게 넘을 수 없는 높은 벽처럼 보일 거야. 하지만 그 높은 벽도 한번 넘어버리면 나를 보호해주는 담장이 돼. 그러니까 하던 대로 계속 가. 길이 없어 보여도 계속 가. 돌아보면 그게 길이 되어 있을 거야. 지금 이미 잘하고 있고 그렇게만 해봐. 네 독서량이나 확언하는 것들, 스스로 동기부여를 시켜나가는 모습들을 보면 잘할 수 있을 거라는 확신이 들어. 지금 정말 정말 잘하고 있었다는 것을 이야기해주고 싶어서 전화했어."

말씀을 듣는데 눈물이 핑 돌았다. 내 주위에는 꿈을 말하는 사람이 없고, 된다고 말하는 사람도 없었다. 부정적인 관계를 끊어내니 혼자 남았고 외롭게 달리고 있었다. 이를 악물고 달리면서, 100번씩 적어 내려가면서, 책을 읽으면서 동기부여를 해왔다.

"제가 하는 것들을 보고 이렇게 긍정적으로 말씀해주신 분은 처음입니다. '왜 그렇게 피곤하게 사냐, 그래서 실제로 이룬 게 뭐냐, 어차피 안된다' 같은 부정적인 말만 들었어요. 저처럼 하는 사람이 주변에는 한 명도 없어서 제대로 가고 있는 건지도 몰랐는데 이렇게 좋게 말씀해주시니 내가 엉뚱한 방향으로 가는 건 아니었구나 하는 안도감이 들고 용기가 생깁니다!"

"네 주변 사람들이 다 너처럼 했다면 그 사람들도 다 성공했을 거야. 네 주변에 책을 읽고, 글을 쓰고, 성공을 향해 달려가는 사람이 없기 때문에 바로 네가 성공하는 1%의 주인공이 될 수 있는 거야."

만남의 축복

"너처럼 열심히 사는데도 안되는 유형이 있어. 바로 '만남의 축복'이 없는 유형이야. 네가 가고자 하는 분야에서 가장 성공한 사람을 만나야 해. 이게 핵심이야. 그 만남이 없으면 해왔던 모든 것들로 인해서 오히려 추락하고 좌절하게 될 수도 있어. 만남의 축복이 없으면 절대 성공할 수 없어."

만남이 핵심이라니, 약간의 실망감이 들었다. 혼자 하는 거라면 뭐든 할 수 있지만, 1등을 만난다는 게 어디 그리 쉬운 일인가?

"그런데 성공한 사람 중 몇몇은 소수만이 가는 그 길을 알려주고 싶어 해. 열심히 달려가고 있는 사람들을 찾고 있어. 나도 누군가를 가르쳐주고 싶다고 생각해왔지만, 대부분 하려고 하지 않아. 의지와 열정, 노력이 없어. 수학을 가르치려면 사칙연산은 기본이듯이 성공을 향해 달려가는 길에 네가 지금 하고 있는 일들이 기본이라는 거야. 너는 최소한 내가 가르치는 것을 받아들일 수 있는 준비는 된 것 같아. 의지와 열정도 확실히 보여. 영재야, 큰 꿈을 꿔야 해. 꿈을 꾸면 현실이 된단다. 인생은 단 한 번이야. 실패하면 어때? 네가 꿈으로 생각했던 것들을 이루기 위해서 달려가는 모습을 그려봐. 그걸로 충분히 행복한 삶이지 않겠어?"

그 말씀을 듣는데 심장이 미친 듯이 뛰었다. 당장이라도 움직이고 싶은 마음이 들었다.

"듣고 보니 지금의 삶에 안주하고 있었어요. 사람들이 말하는 안정된 삶이라는 게 진정한 의미의 자유는 아니라는 생각이 들어요. 현실에서 벗어나고 싶어 하면서도 그럴 수 없는 이유를 저 스스로 만들어왔어요."

그리고 잠시 생각한 뒤 대답했다.

"과감하게 퇴사를 해볼까요? 퇴사하고 달려가야 꿈을 찾고, 1등을 만나기 위해 미친 듯이 노력하지 않을까요? 제가 달려갈 길을 먼저 가보신 오픈마인드 님도 계시니 무엇이든 할 수 있을 것 같아요. 벼랑 끝에 서 있다는 간절한 마음으로 지금보다 더 이 악물고 간절하게 행동한다면 저도 할 수 있을 것 같은 자신감이 들어요!"

"벼랑 끝에 선다는 것은 현실이야. 한 걸음만 뒤로 물러서도 죽는 거야. 사람들과는 다른 삶을 살아야 해. 이루고자 하는 간절한 마음으로 달려가야 해. 한 걸음 물러서면 죽는다는 각오가 되어 있어?"

떨렸다. 앞으로 내 인생은 어떻게 되는 걸까? 두려움과 기대가 동시에 들었다.

"네, 벼랑 끝에 설 준비가 되어 있습니다! 제가 원하는 삶을 살기 위해서요!"

오픈마인드 님은 잠깐 뜸을 들이더니 말씀하셨다.

"교육을 하면서 많은 교육생과 투자자들을 만나왔지만, 너처럼 준비가 되어 있고 간절한 사람은 아직 못 봤어. 나는 너 같은 사람을 찾아왔거든. 대단한 능력이 있는 사람을 원하는 게 아니야. 간절한 사람! 정말 간절한 사람에게 비전을 보여주고, 꿈을 심어주고, 꿈을 이룰 수 있도록 돕는 일이 이제 내 소명이야. 나는 이미 아무것도 안 해도 평생을 먹고살 수 있는 자산이 있어. 단지 한 사람이 세워져 가는 과정을 보고 싶은 거야. 그리고 그 사람이 선한 영향력으로 다른 사람들을 또 세워주는 사람이 되는 거야. 이런 상상을 하면 가슴이 뛰어. 어때, 나한테 배워볼래?"

맙소사, 단순히 용기를 주려고 전화하신 게 아니라 나를 데려가고 싶으시다고? 이건 신이 주신 기회라는 것을 직감했고 1초의 망설임도 없이 대답했다.

"네, 알겠습니다. 회사를 그만두고 따라가겠습니다."

목숨을 건 선택

나는 그 순간 내 모든 것을 던지겠다고 결심했다. 인생은 선택의 연속이다. 선택하지 않는 것조차 선택이다. 지금 이 순간 무엇을 어떻게 선택했는지가 내일의 나를 만든다. 이것저것 따지고 매사에 부정적으로 항상 제자리에서 투덜거리는 것은 인생을 낭비하는 것이다. 도전적으로 선택을 해도 괜찮다. 설령 그 선택으로 실패하더라도, 실패에서 배우고 소중한 경험을 얻을 수 있다. 기회라고 생각되면 과감하게 기회를 잡는 용기와 실행, 목숨을 건 선택이 필요하다. 나는 지금이 기회라고 생각했고 퇴사하겠다는 말을 꺼낸 그 순간, 나의 미래는 완전히 바뀌었다.

"감정에 앞서 대답하지 말고, 깊게 생각해봐. 부모님과도 이야기해보고."

"네, 알겠습니다. 오늘 전화주셔서 너무 감사합니다."

그렇게 전화를 끊었다. 오픈마인드 님은 생각해보라고 하셨지만 내 선택은 이미 정해져 있었다. 감정적으로 대답한 것이 아니었다. 인생에서 조금이라도 현명한 의사결정을 하기 위해 100권 이상 책을 읽고, 성공한 사람들을 만나고, 그들의 습관들을 모조리 따라 해오고 있었다. 모든 것을 걸고 뛰어들 준비를 1년 이상 하고 있었다. 그리고 지금, 내 인생을 던질 한 사람을 찾은 것이다. 당장이라도 소리를 지르고 싶었다. 손으로 입을 틀어막고 소리를 질렀다. 그리고 책상에 앉아 일기를 썼다.

나는 내일 퇴사하겠다고 회사에 이야기할 것이다. 남아 있는 인생은 끌려다니며 살고 싶지 않다. 내 인생은 내 마음대로 해낼 수 있는 것이다. 모든 것을 다 해놓고 멘토를 만나지 못하면 실패할 수도 있다. 그 멘토를 지금 만났다는 강한 확신이 든다. 내 인생은 오늘부터 또 달라질 것이다. 나는 이제 편안한 감옥에서 벗어나겠다. 들판을 누비는 늑대가 되어 자유롭게 인생을 살아가리라고 다짐한다. 먼 훗날, 성공한 내가 이 일기를 다시 들춰보며 웃고 있다. 나는 행복해 보인다. 그리고 지금도 행복하다. 신영재, 화이팅!

하루 만에 퇴사를 통보하다

2023년 12월 5일, 이제 정말 끝이라고 생각했다. 뜬 눈으로 밤을 지샌 뒤 출근길에 올랐다. 눈물이 나서 많이 울기도 했다. '엔지니어로 일해온 내가 부동산? 투자자? 나는 어떻게 되는 거지?'라는 여러 생각이 떠올랐다. 지금과는 너무 다른 분야다. 바닥에서 출발한다는 막연함, 하루아침에 퇴사 결심을 한 스스로에 대한 놀라움, 그리고 약간의 기대감이 뒤섞여 왜 눈물이 나는지, 그리고 어떤 감정인지 정확히 꼬집어 말하기 어려웠다. 만감이 교차한다는 말이 이런 걸까? 얼마나 심하게 울었는지 회사에 도착하니 목이 다 쉬었다. 내 목청이 그렇게 큰지 그날 처음 알았다. 사무실에 도착 후 팀장님께 퇴사하겠다고 말씀드렸다. 담백하게 있는 대로 모두 이야기했다.

"팀장님, 제가 따라가고 싶은 사람이 생겼습니다. 그분은 부동산 토지 투자 전문가세요. 제 인생의 목표가 전업 투자자나 토지 전문가가 되는 것인지는 아직 모르겠습니다. 하지만 그분과의 만남이 제 인생을 바꿔줄 거라는 믿음이 있습니다. 제가 원하는 삶을 살고 싶어서 그분을 따르기로 결심했습니다. 퇴사하겠습니다. 빠르면 빠를수록 좋습니다."

말씀을 드리면서 심장이 두근거렸다. 회사에 불만이 있다면 부서 이동을 권하기도 하는데 내 단호한 말에 그런 경우는 아닌 것 같다며 감사하게도 퇴사를 바로 받아주셨다. 2023년 12월, 내 삶의 새로운 시작이었다.

'그래 잘한 선택이야. 승리의 여신은 쳇바퀴를 잘 도는 사람이 아니라 쳇바퀴에서 내려온 사람의 손을 들어준다고 했어.'

우리가 쳇바퀴 속에만 있는 이유는 두려움과 불안 때문이다. 쳇바퀴에서 내려왔을 때 불행한 사건 한 방에 모든 것을 잃을 수 있다고 생각하기 때문에 익숙한 쳇바퀴를 돌고 도는 것이다. 그러나 성공을 가로막는 장애물 중 하나가 바로 익숙함이다. 익숙한 것을 버리고 용기 있는 선택을 한 스스로를 칭찬했다.

'잘했어. 난 무슨 일이든 해낼 수 있어. 진짜 꿈은 원래 예상치 못한 곳에서 발견되는 거야.'

그려진 삶과 그리는 삶

직장에서 나는 한 테마의 리더였고, 같은 부서의 후배 사원이 서포트를 해주고 있었다. 첫 후배였기 때문에 나도 내가 아는 모든 것을 다 알려주는 마음으로 가르쳐줬고 스스로 열심히 해 손발이 잘 맞는 파트너로 지내고 있었다. 그래서인지 퇴사한다고 말한 뒤 후배는 크게 혼란스러워했고, 어떤 날은 눈물을 보이기도 했다.

"잠깐 이야기 좀 할까요?"

후배 사원을 다독일 겸 비어 있는 회의실에 가서 말을 꺼냈다.

"제가 회사에 없어도 전혀 걱정할 것 없어요. 이미 훌륭하게 잘하고 있고, 책임님들이나 소장님도 다 믿고 있잖아요. 지금처럼 성실하게만 하면 누구든 좋아할 거예요."

"영재 선임님이야말로 정말 누구나 다 좋아하고 잘해오셨는데 도대체 왜 퇴사하시는 거예요?"

처음 듣는 당돌한 후배의 말투에 약간 놀랐다. 곰곰이 생각하다가 대답했다.

"맞아요. 직장인으로는 더할 나위 없이 좋았어요. 사람들도 좋죠. 일도 재미있죠. '지금'은 그래요. 그런데 제가 여기에 계속 있으면 8년 뒤에 팀장님 자리, 15년 뒤 임원 자리에 가는 거예요. 그게 제 인생에서 일어날 수 있는 가장 극적인 일이에요. 10년이나 지난 뒤의 미래가 이미 정해져 있다는 거예요. 임원이 된 제 모습을 상상해봤는데 크게 행복해 보이지 않아요. 임원이 되는 것이 진정으로 원하는 삶이 아닌 거예요. 그런데 퇴사를 결정한 지금, 10년이 아니라 당장 6개월 뒤, 1년 뒤도 어떻게 될지 모르겠어요. 지금은 말도 안 되는 꿈 같아 보이는 것을 1년 뒤에는 이룰 수도 있어요."

그러자 후배가 대답했다.

"아, 영재 선임님은 그려진 삶을 사는 게 아니라 직접 그리는 대로 살아가시는 거네요. 너무 멋져요."

'그려진 삶을 사는 게 아니라 그리는 삶을 산다!' 후배가 이런 말도 할 줄 알다니, 조금 감동이었다. 그래, 후배의 말이 맞다. 나는 앞으로 내가 그리는 대로, 원하는 대로 살아갈 것이다. 내 삶은 내가 원하는 대로 살 수 있고, 무슨 일이든 이뤄낼 수 있다.

워크숍, 지난해의 꿈과 내년의 꿈

오픈마인드 님께서 대표로 계신 회사에 처음 출근한 날은 연말의 워크숍이었다. 출발 전 사무실에서 직원들을 처음 만나게 되었고 어색한 첫 인사를 나누었다. 직원분들이 담소를 나누는 모습을 지켜봤는데 오랜 친구들과 여행을 가는 것처럼 들뜨고 즐거운 분위기였다. 맛있게 바비큐도 먹고, 레크레이션도 하며 아주 즐거운 시간을 보냈다. 저녁에는 내년의 목표에 대해서 서로 이야기하는 시간을 가질 거라고 했다. 대부분의 사람들은 목표를 세우지 않는다. 나는 2023년의 목표를 정했지만, 들어주는 사람이 없었기 때문에 이야기할 곳이 없었다.

'꿈에 대해 이야기할 수 있다니, 그리고 다른 사람들의 꿈을 들을 수 있

다니 너무 기대된다.'

그날 밤, 꿈과 목표에 대해서 함께 이야기를 나누는 시간을 가졌다. 각자 이루고자 하는 목표가 쏟아져 나왔다.

어린이 후원금을 두 배로 올리기

말끝 흐리지 않기

체지방률 18프로 달성하기

마음을 천천히 먹고 말하기

월 두 권의 독서하기

계약을 몇 건 하기

소득 얼마를 달성하기

직원들의 목표를 모두 합치니 100개 가까운 목표가 나왔다. 목표를 세우고 꿈을 꾸는 사람들이 내 옆에 있다. 각자의 꿈이 너무나 소중하게 느껴졌고, 한 분, 한 분이 너무나 보석 같았고 사랑스럽게 느껴졌다.

'어떻게 그동안 못 찾았던 사람들이 이렇게 모여 있지? 이곳에 함께 있기만 해도 나는 충분히 행복할 수 있겠다.'

이런 직원들을 보니 지금까지 불안했던 내 마음이 거짓말처럼 평온해졌다. 그날 새벽, 나는 남몰래 2024년 마지막 날의 일기를 미리 썼다. 오늘 처음 본 오픈마인드의 멤버들을 1년 뒤에는 사랑하고 있었고, 나도 과분하게 사랑받고 있었다. 가족이 되어 있는 모습이 눈앞에 선명하게 그려졌다.

'다들 오늘 처음 본 나를 어떻게 생각할지 모르겠지만 1년 뒤에 우리는 가족이야.'

1년 뒤 미래의 일기에 '직원들'이라는 단어를 지우고 '가족'으로 고쳐 쓰고는 잠이 들었다. 그리고 그렇게 나는 정식으로 오픈마인드 님과 함께 하게 되었다.

후회하지 않는 선택을 지금 막 했다. 앞으로는 어떻게 청년기를 살아야 할까? 성공자들은 어떤 청년기를 보냈을까 하는 궁금증이 자연스레 떠올랐다. 그들의 청년기를 파보기로 했다.

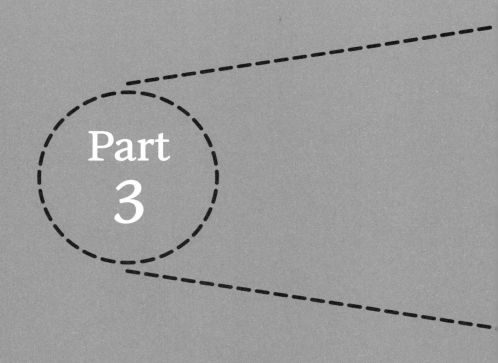

Part
3

성공자들의 청년기

실행력의 끝판왕 정주영 회장님

'실행력'이라는 단어와 가장 잘 어울리는 사람을 고른다면 현대그룹의 고(故) 정주영 회장이 아닐까? 몇 주간 정주영 회장님에게 푹 빠져 관련 책들을 읽고, 영상들을 찾아봤다. 마치 아이돌을 따라다니는 열성 팬처럼 그의 과거를 쫓아다녔다. 살아 계셨다면 모든 수단을 동원해 뵙고 싶을 정도로 심장을 뛰게 만드는 분이다.

1940년대 초, 금강산에서 직원들과 함께

그는 태어날 때부터 재벌이 아니었다. 가난한 농부가 되기 싫어 네 번이나 가출을 감행했다. 구걸한 적도 있고 막노동으로 삶을 연명하기도 했다. 그랬던 그가 생전에 이뤄낸 업적을 보면 기적이라고 말할 수 있다. 정주영 회장님은 어떤 청년 시절을 보냈던 걸까?

스물세 살 청년, 쌀가게를 인수하다

그는 점원으로 있던 쌀가게에서 매일 아침 일찍 일어나 가게를 청소했다. 배달이 없는 날에는 창고를 정리하며, 부기학원에서 배운 부기 지식을 이용해 장부 정리도 열심히 했다. 누가 시켜서 한 것이 아니라 자발적으로 그런 일들을 해나갔다. 쌀가게의 주인은 아들도 제쳐두고 누구보다 성실했던 스물세 살의 정주영에게 쌀가게를 넘기게 된다. 청년 정주영은 이렇게 생각했다.

'어떤 일이라도 전심전력을 기울여 성실히 뛰면 반드시 성공할 수 있어.'

그의 행실을 보면 성실함과 노력이 기본이라는 생각이 든다. 내가 어디에 있든 현재 몸담고 있는 곳에서 부단히 노력하고 최선을 다한다면 기회는 반드시 온다. 성실함에는 재능이 필요 없고, 노력하면 반드시 누군가의 눈에 띈다. 맡은 일을 충실히 하며, 일을 효율적으로 할 수 있도록 궁리하고, 내가 속한 곳이 더 잘되게 하려면 어떻게 할지, 그 안에서 내가 할 수 있는 일은 무엇일지 고민하는 시간이 궁극적으로 성공의 밑거름이 되는 것이다. 얕은꾀를 내지 말고 제대로 일에 푹 젖어보는 건 어떨까?

정주영 인생 최대의 악몽, '고령교' 공사

내 고향은 대구이고 할머니댁은 거창이라 가끔 고령교라는 다리를 지난다. 고령교 위로 낙동강과 굽이진 산맥들, 그 속으로 날아가는 새들을 보다 보면 마음에 여유가 생기고 한층 너그러워지는 기분도 든다. 그런데 이 고령교에는 청년 정주영의 악몽 같은 역사가 서려 있다. 대구와 고령을 잇는 고령교는 1953년 4월, 당시 정부에서 발주한 최대 규모의 공사였는데 현대가 이 공사를 맡게 되었다. 당시 공사 기한은 24개월이었으나 빠른 물살로 착공 1년 동안 교각 하나도 제대로 박지 못했다. 심지어 살인적인 인플레이션까지 덮쳐 불과 몇 달 만에 쌀 한 가마니 가격이 40환에서 4,000환까지 치솟게 되었다. 정주영 회장님은 자신과 동생, 친척들의 집과 자동차, 공장 부지까지 팔았고, 월 18%의 고리 사채까지 쓰게 되었다. 애초 계획된 공사비의 두 배가 훌쩍 넘는 비용이 들어갔다. 그럼에도 약속했던 완공 기일에서 두 달만 넘긴 시점에 기적적으로 고령교를 완공시켰다. 공사 후 남은 것은 6,500만 환의 빚으로 수주 공사비보다 훨씬 많은 금액이었다. 추후 이 빚을 갚는 데 20년의 세월이 걸리고, 그의 인생을 통틀어 최대의 적자를 기록한 공사였다. 당시 그는 이렇게 생각했다.

이것은 시련이지 실패가 아니다. 내가 실패라고 생각하지 않는 한 이것은 실패가 아니다. 내가 살아 있고 건강한 한 나한테 시련은 있을지언정 실패는 없다. 낙관하자. 긍정적으로 생각하자.

최악의 상황에서 이렇게 용기 있게 말할 수 있는 사람이 몇이나 있을까? 자신의 처지를 비관하면서 한숨만 쉬고 있었다면 지금의 현대라는 기업은 없었을 것이다. 역경과 고난 속에서도 긍정적인 사고로 자신을 갈고 닦으며 오늘을 사는 사람에게만 기회가 주어진다. 막대한 손해를 보면서도 '신용'을 중시했던 정주영 회장님의 고령교 준공은 당시 내무부에서 높은 평가를 받았고 이후 정부 공사 수주가 밀려들게 된다. 고령교 완공 2년 뒤 정부의 한강 인도교 공사로 40%의 어마어마한 이익을 거두게 되며 단숨에 국내 5대 건설사에 이름을 올리게 된다.

고령교 공사의 내막을 살펴보면 예상치 못한 물가 상승, 너무 빠른 강물의 유속 등 지지리 운이 없었다고 볼 수 있었다. 하지만 정주영 회장님은 운을 탓하지 않았다. 인플레이션 등을 계산하지 못한 준비 부족이었다며 스스로를 탓했다. 습관적으로 모든 일의 원인을 외부에서 찾지 않고 스스로에게서 찾았다. 정주영 회장님은 운에 대해 이렇게 말했다.

운이란 별것 아닌 '때'를 말한다. 좋은 때가 왔을 때 그걸 놓치지 않고 꽉 붙잡아 제대로 쓰면 성큼 발전하고, 나쁜 때에 부딪쳐도 죽을 힘을 다해 열심히 생각하고 노력하고 뛰면 오히려 좋은 때로 뒤집을 수 있다. 그러나 사람들은 곤경에 처하면 어떻게 할 방법이 없다고 생각한다. 길이 아무 데도 없다는 체념의 말을 곧잘 한다. 그러나 그렇지 않다. 찾지 않으니깐 길이 없는 것이다. 스스로 운이 나쁘다고 생각하지 않는 한 나쁜 운은 없다고 생각한다.

빈대만도 못한 놈

정주영 회장님은 아랫사람을 야단칠 때 '빈대만도 못한 놈'이라며 자주 나무랐다. 그와 빈대의 인연은 가출해서 막노동을 할 때 시작되었다. 인천의 노동자 합숙소 실내는 빈대 지옥이었다. 하루는 꾀를 내어 밥상 위로 올라가 자기 시작했는데 이내 밥상 다리로 기어 올라와 물어뜯었다. 다시 머리를 써서 밥상 다리 네 개를 물을 담은 양재기에 하나씩 담가놓고 잤다. 빈대가 밥상다리를 타려고 하다가 양재기 물에 익사하게 하자는 묘안이었다. 그런데 하루 이틀이 지나자 다시 물어뜯기 시작했다. 불을 켜고 어떻게 양재기 물을 피해 올라왔나 살펴보니, 빈대들은 네 벽을 타고 천장으로 올라간 다음, 사람을 목표로 뚝뚝 떨어져 목적 달성을 하고 있었다. 빈대도 물이 담긴 양재기를 뛰어넘으려고 저토록 전심전력으로 연구하고 필사적으로 노력해서 제 뜻을 이루고 있는데 사람이 하는 일에 답이 없겠는가? 그 어떤 문제든 해결책이 있다고 정주영 회장님은 이야기했다. 흙수저 출신이었던 그가 막노동, 쌀가게를 거쳐 시멘트, 댐, 경부고속도로, 자동차, 조선, 전자 등으로 사업 영역을 확장할 수 있었던 것은 어떤 환경에서도 반드시 해결하겠다는 의지와 미친 실행력으로 도전하는 자세가 있었기 때문이다.

해보기나 하자

정주영 회장님은 어떤 일이든 가능하게 만들었다. 가벼운 사례로 롯데그룹의 신격호 회장과의 일화가 있다. 두 사람은 골프 약속을 잡았는데 그날따라 눈이 너무 많이 내렸다. 신 회장은 "골프는 틀렸다"고 했지만 정 회장은 "눈이 와서 그렇지 골프 치기에는 좋은 날씨"라고 했다. 그러면서 눈밭에서도 쉽게 찾을 수 있도록 골프공을 빨갛게 칠했다. 지금의 컬러 골프공의 원조였던 셈이다.

정주영 회장님은 조선소를 짓겠다는 원대한 꿈도 꿨다. 하지만 막대한 자금이 필요했다. 그는 배를 짓고 있는 사진도 아닌, 허허벌판에 나무 몇 그루 심어진 사진을 들이밀며 외국에 자금을 빌리러 다녔다. 배를 만들 조선소도 없는데 배를 팔겠다고 전 세계를 돌아다녔다. 정주영은 배를 무슨 재료로 만드는지도 몰랐다. 그런데 기적과도 같이 계약을 성사시켰다. '정주영의 인상을 보니 믿을 수 있을 것 같아서'라는 비합리적인 이유로 그리스의 선박왕 리바노스는 계약서에 서명했다. 진짜로 울산에는 조선소가 들어섰고, 한국경제는 중화학 공업화의 길로 들어서게 된다. 정주영 회장님은 중동 건설시장에서의 성공, 자동차 독자 모델 개발 등 당시까지 듣지도 보지도 못한 기적 같은 일들도 이뤄냈다. 우리는 모두 마음속에 저마다 꿈을 간직만 한 채, 외면하며 살아간다. 가보지 못한 길이라고 걱정하고 비관한다. 정주영 회장님이 우물쭈물하고 있는 우리의 모습을 보셨다면 이렇게 말씀하셨을 것 같다.

"이봐, 해보기나 했어?"

꿈을 향해 달려가는 것, 단 하나라도 실행하는 것이 멋진 삶, 행복한 삶이라고 믿는다. "빈대도 목표를 달성해내는데 나라고 못할 것 같아? 나를 잘 지켜봐 세상아!"라고 당당하게 외치고 달려나가자. 정주영 회장님이 말씀하신 대로 해보기나 하자. 빈대도 했는데 우리가 못하겠는가?

공순이에서 6,000억 원 자산가가 된 켈리 최 회장님

'나같이 쥐뿔도 없던 사람도 성공할 수 있을까? 풍요로운 삶을 누릴 수 있을까?'

항상 궁금했다. 성공한 사람들은 좋은 환경에서 양질의 교육을 받고, 많은 기회에 노출되고, 좋은 동료와 멘토를 만났기 때문에 성공한 것 아닐까. 태어나면서부터 성공할지 실패할지는 어느 정도 정해져 있는 것이 아닐까. 그래서인지 오기로라도 밑바닥에서 성공한 사람들의 사례를 찾으려고 노력했다. 흔히 말하는 금수저 출신에서 성공한 사례는 내 관심사가 아니었다. 나처럼 아무것도 없었던 사람의 성공이 궁금했다. 내심 그런 사람이 있길 바랐다. 그런데 정말 그런 사람이 있었다! 바로 켈리델리의 창립자 켈리 최 회장님이다. 2020년 영국 〈더타임스〉 자산순위 345위로 발표된 켈리 최 회장님은 정말 눈물 나는 청년기를 보냈다.

결핍 덩어리의 공순이 켈리, 프랑스에 가다

중학교를 마친 켈리 최 회장은 학비가 없어 고향인 정읍에서 서울 봉제공장으로 취직하게 된다. 딱 한 명이 누울 수 있는 기숙사 침상에 누워 '이러려면 왜 나를 낳았을까?' 생각하며 부모님을 원망하기도 했다. 공순이가 된 이유는 야간학교에 보내주는 명목으로 운영되는 회사였기 때문이다. 새벽부터 저녁 늦게까지 봉제 일을 하고 밤에는 야간학교를 다니는 말 그대로 '주경야독(晝耕夜讀)'이었다. 환경은 열악했다. 친구의 죽음을 마주하기도 하고, 모든 걸 포기하고 싶어질 때도 있었지만 켈리에게는 반드시 살아남아 성공하겠다는 악이 있었다.

봉제공장에서 옷을 만들면서 보니 대부분 일본 디자인을 참고한다는 걸 알게 되었고 그녀는 무일푼으로 일본에 가게 된다. 아르바이트를 하며 학교에 다니다가 패션의 본고장은 프랑스라는 것을 알고는 프랑스로 떠날 결심을 한다. 프랑스 유학을 결심하자마자 학교를 알아보고, 숙소를 구하고, 한 달 후에 떠날 비행기 표까지 예매했다. 프랑스 대사관에서는 비자가 나오려면 최소 6개월이 걸린다고 했지만 켈리 최는 "뭐라고요? 한 달 후로 프랑스에 방도 잡고 이곳 생활도 정리했는데 못 가게 되면 내 인생을 책임질 거예요?"라며 물러서지 않고 당돌하게 항의했고, 한 달 후에 바로 떠날 수 있었다. '봉주르'도 말할 줄 몰랐지만 주경야독이 몸에 배어 있던 그녀는 프랑스에서도 악착같이 공부하며 일을 병행했다. 하는 일마다 술술 풀렸고, 그렇게 30대 중반이 되어 친구의 제안으로 전시 사업을 시작할 수 있었다.

켈리 최 회장님이 악으로 깡으로 버티며 프랑스까지 가게 된 원동력은 '결핍'이었던 듯하다. 가정환경이 어려웠고, 친구의 죽음을 목격하는 과정을 거치면서 밟을수록 잘 자라는 잔디처럼 끈질긴 생명력을 가지게 됐다. 이를 꽉 물고 어려움을 버티겠다는 정신, 악착같이 살겠다는 독한 마음, 그리고 죽음도 두려워하지 않는 용기를 갖게 됐다. 결핍이 성공의 동력이 될 수 있다는 것을 켈리 최 회장님을 보면서 느꼈고, 부족하고 가지지 못한 삶에 불만을 가졌던 나를 돌아보게 되었다.

죽기 직전 그녀를 구해준 생각(Thinking)

프랑스에서의 사업은 승승장구했다. 광고 대행업으로 핸드폰 전시, 자동차 전시 등을 하며 사업을 이어 나갔다. 대기업이 주고객이었는데 대기업에서 자체적으로 대행사가 생기기 시작하면서 어느 날 갑자기 거래가 끊어지기 시작했다. 결국 많은 빚을 지고 투자했지만 회사가 문을 닫게 되었고, 10억 원이라는 빚만 남게 되었다. 켈리 최 회장님은 프랑스 센강의 검은 물을 바라보며 죽겠다는 생각까지 했다. 2년간 페인처럼 집 밖으로 나가지 않았던 그녀는 어떻게든 살아내라고 말씀하셨던 엄마를 생각하며 신발 끈을 매고 밖으로 나갔다. 어디든 매일 두세 시간씩 거리를 걸어 다니고, 부자들의 이야기를 담은 책을 읽기 시작했다. 부자들은 어떻게 부자가 된 걸까, 어떤 경로로 살아낸 걸까, 그들의 공통점은 무엇일까. 그렇게 1,000명의 부자를 공부하고, 어떤 책은 '씹어 먹어버리겠다'는 각오로 60번을 읽었다. 그 책이 바로 론다 번(Rhonda Byrne)의 《시크릿》이라는 책이다.

켈리 최 회장님은 1,000명의 부자를 공부하며 그들은 생각과 잠재의식의 대가라는 것을 알게 되었다. 꿈을 현실로 만드는 데는 10%의 의식과 90%의 무의식이 작용하는데, 무의식이 삶에 훨씬 지대한 영향을 끼친다는 것을 알게 되었다. 켈리 최 회장님도 자신의 생각부터 바꿔야겠다고 마음먹게 되었다. 그녀는 눈을 감았다.

5년. 나에게 5년이라는 시간이 주어질 거야. 5년 후 어떤 집에 살고 있을 것이고, 어디에 있는 어떤 회사에서 어떤 일을 하고 있을까? 나는 남들을 이롭게 하여 5년 안에 300억 원의 부자가 되겠어. 그때쯤 우리 회사 직원은 몇 명일까? 어떤 성격의 사람들이 일하고 있을까?

그녀는 매우 구체적으로 상상했다. 상상이 아니라 현실인 것 같았다. 보이는 곳마다 한 문장으로 정리된 꿈을 적어두었다. 300억 원이라는 숫자를 컴퓨터 비밀번호로 정했다. 화장실과 냉장고, 거울, 책상, 화장대 등 집 안 곳곳에 5년 안에 300억 원을 가진 부자가 되겠다고 써놓았다. 그리고 켈리 최는 실제로 5년 안에 자신이 말한 것보다 훨씬 큰 부를 이루게 되었다. 그녀는 말한다.

꿈을 이루는 법칙은 단순하고 누구나 할 수 있는 것이다. 그러나 하는 사람과 하지 않는 사람의 삶에는 큰 차이가 생긴다. 나는 이 일을 꾸준히 반복했을 뿐이다. 이 단순한 일이 삶을 변화시킨다. 내게 상담을 받았던 많은 분들이 실제로 이 방법으로 변화하고, 꿈을 이루고 있다.

    모든 것의 원인은 생각이다. 매일 아침 눈을 감고 생각해보자. 5년 뒤 이루고 싶은 것이 무엇인가? 1년 뒤, 3개월 뒤는 어떤가? 최종적으로 오늘 하루를 가장 이상적으로 보낼 수 있다면 어떤 삶인가? 켈리 최 회장님은 5년 뒤 성공할 나를 위해 오늘의 작은 계획을 세우라고 말한다. 매일 운동을 2시간씩 하겠다는 무리한 목표를 정할 필요는 없다. '5분만 더 걷겠다' 등 오늘이라도 실천할 수 있는 작은 목표를 정하고 실행하자. 사람들은 될지 안 될지 계속 고민하면서 시간을 흘려보낸다. 오늘의 작은 행동이 1년 뒤를 바꾸고 5년 뒤 당신이 목표한 것을 이룰 수 있도록 이끌 것이다.

    켈리 최 회장님의 인생 스토리는 마치 동화책에 나오는 꿋꿋한 여주인공을 떠올리게 만든다. 이런 분이 계셔서 나 또한 용기를 가질 수 있다. 나도 켈리 최 회장님처럼 결핍의 인생이었다. 매일을 죽어버리고 싶다고 비관하며 10대를 보냈다. 왜 나를 낳았냐고 어머니께 소리를 지르기도 했다. 돌이켜보면 그런 고통의 시간이 있었기 때문에 삶에 대해 치열하게 고민하며 공부했고, 성장할 수 있었다. 작은 것에 감사할 줄 아는 사람이 됐다. 내가 나를 사랑하지 못했던 시간만큼 현재는 나를 믿고, 사랑하고, 응원해줄 수 있는 사람이 됐다. 앞으로 도전해나가는 길에 실패가 오더라도 괜찮을 것 같다. 험한 꼴을 보고 낭떠러지로 떨어지더라도 괜찮을 것 같다. 그 어떤 고난이 오더라도 이겨낼 수 있을 것 같은 자신감이 드는 이유는 처절하게 버텨낸 결핍의 어린 시절이 있었기 때문이다. 나는 아직도 청년이고 할 수 있는 일이 무궁무진하다고 믿는다.

시대를 꿰뚫어 보는 눈, 이병철 회장님

가을이 오고 있다. 그렇게 따갑던 햇살이 한풀 꺾이고, 시원한 바람이 살랑살랑 불기 시작했다. 여유를 느끼며 산책하기에 더없이 좋은 시기가 온 것이다. 대구에 살았던 나는 달성공원으로 걸어갔다. 달성공원은 대구에서 가장 오래된 공원으로 어린 시절을 대구에서 지냈다면 달성공원 입구에서 찍은 사진 하나는 다들 갖고 있을 정도로 대구 시민들의 추억이 깃든 장소라고 할 수 있다. 소풍을 온 아이들이 수건돌리기를 하고, 머리가 희끗한 어르신들이 운동하는 모습도 보였다. 달성공원을 한 바퀴 걷고 큰길로 나오면, 6차선 도로변으로 빽빽하게 건물들이 들어서 있는데 뜬금없이 아담한 모형 건물이 하나 있다. 가까이 가서 살펴보니 '삼성상회 터'라고 적혀 있다. 여기가 바로 삼성 그룹의 전신인 삼성상회가 있었던 곳이다.

1938년 이병철 회장이 창업한 삼성상회 건물 전경

우리나라의 대기업이라고 가장 먼저 떠오르는 기업 중 하나가 삼성이다. 국내 최대 규모의 다국적 기업이자 독보적인 재계 서열 1위를 지키고 있다. 이런 삼성도 우리 옆 동네의 작은 상점에서 농산물, 국수 등을 팔며 시작되었다.

실패에서 얻은 통찰

삼성그룹의 고(故) 이병철 회장님이 시작한 삼성상회는 엄청난 매출을 기록하며 이익을 내게 되고, 조선양조를 인수하며 승승장구했다. 양조부터 제일제당, 제일모직, 비료공장, 중화학공업, 전자까지, 우리나라에 꼭 필요했던 산업들은 모조리 시작해서 성공시켰다. 그런 이병철 회장님도 계속 탄탄대로만 지나온 것처럼 보이지만 삼성상회 이전에 실패한 청년 이병철이 있었다.

청년 이병철은 여느 20대들과 크게 다르지 않은, 아니 더 방탕한 인생을 살았다. 조금만 책을 읽어도 쉽게 피로해지고, 금방 아파서 대학을 중퇴했다. 부모님의 돈을 노름에 탕진하고 술에 빠져 살기도 했다. 밤새 노름을 하다 달의 그림자를 밟으며 집으로 돌아온 어느 날, 평화롭게 잠들어 있는 자녀들을 보며 정신을 차렸다. 며칠을 꼬박 새워 자신에게 맞는 사업을 구상하기 시작했고 정미소를 세워 운송업에 뛰어들었다. 하지만 1937년 중일전쟁이 터지면서 땅값은 폭락했고 모든 은행의 대출이 막혔다. 차입금으로 땅을 사들인 그는 대출금을 막지 못해 사들인 땅을 전부 헐값에 매각하고 큰 손실을 보았다. 그의 나이 27세에 겪은 첫 사업 실패였다. 이 실패를 통해 청년 이병철은 얻은 교훈이 있었다.

첫째, 국내외 정세의 변동을 적확하게 통찰해야 하고,

둘째, 무모한 과욕을 버리고 자기 능력과 그 한계를 냉철하게 판단해야 하고,

셋째, 요행을 바라는 투기는 절대로 피해야 하며,

넷째, 직관력의 연마를 중시하는 한편, 제2선, 제3선의 대비책을 미리 강구함으로써 실패라고 판단이 서면 깨끗이 미련을 청산하고 차선의 길을 택해야 한다.

이른 나이에 큰 실패를 겪은 덕에 그만의 경영철학이 뿌리 깊숙이 내릴 수 있었고, 자신만의 원칙으로 일흔이 넘을 때까지 끊임없이 도전하는 청년과도 같은 삶을 살았다. 우리는 실패를 두려운 것으로 취급한다. 그러

나 실패는 결코 두렵거나 부끄러운 일이 아니다. 도전하지 않는 것이 부끄러운 일이다. 지금 실패하지 않고 있다면 부끄러워해야 할 일이다. 이병철 회장의 저서 《호암자전》에는 보불전쟁을 승리로 이끈 몰트케(Helmuth Karl Bernhard von Moltke) 장군의 명언이 소개된다.

나는 항상 청년의 실패를 흥미롭게 지켜본다. 청년의 실패야말로 그 자신의 성공의 척도다. 그는 실패를 어떻게 생각했는가? 낙담했는가 물러섰는가? 아니면 더욱 용기를 북돋아 전진했는가? 이것으로 그의 생애는 결정되는 것이다.

그 대단한 이병철 회장님도 모든 걸 다 잃을 뻔했을 만큼 크게 실패했다. 그런데 내가 실패하지 않고 성공할 수 있을까? 성공으로 가는 길에는 반드시 실패가 있다면 빨리 실패하는 게 좋지 않겠는가? 청년 때 실패하지 않으면 언제 실패하겠는가? 도전해보고, 실패하고, 또 도전하자. 그게 청년이 마땅히 해야 할 일이라고 믿는다.

시대를 꿰뚫어 보는 통찰력

표면적으로 봤을 때 이병철 회장님은 여러 분야의 사업을 모조리 한 것처럼 보이지만 '적절한 때'에 '적절한 사업'을 한 것이다. 그는 우리나라의 중화학공업을 반드시 발전시켜야 한다고 생각했다. 그러나 1960년대에는 중화학공업을 본격적으로 육성하기에 시기상조라고 판단했다. 산업화 수준과 경제발전 단계로 보아 우리나라는 아직 부족했고, 삼성의 자체 역량도 아직은 더 성숙해야 한다는 합리적이고 냉철한 판단이었다.

이병철 회장님은 먼저 설탕과 옷처럼 국민이 매일 먹고 입는 것부터 자급자족할 힘을 기르면서 기술과 경험, 자본을 축적한 다음에 중화학공업처럼 부가가치가 높은 산업들로 가는 게 맞다고 생각했다. 그는 자신의 생각대로 제일제당과 제일모직을 통해 수입에 의존하던 설탕과 섬유제품을 국산화시키며 힘을 길렀다. 그리고 1972년 말, 자체 역량을 길렀다고 판단한 그는 비로소 삼성의 업종 구성을 과감하게 개편해 중화학의 비중을 대폭 높였다. 정부의 중화학공업 육성에 대한 정책 발표보다 한발 앞섰던 회장님의 판단은 제2차 삼성경영 5개년계획 수립에 반영되었다. 그때로부터 50년 이상 지난 지금 삼성중공업은 한국을 대표하는 글로벌 조선사로 성장했다.

이병철 회장님에게는 얼음 칼처럼 날카롭지만, 그만큼 함부로 휘두르지도 않는 신중함이 있다고 느껴지는 대목이다. 꼭 필요한 사업이라고 생각해서 앞뒤 안 가리고 무턱대고 시도했다면 큰 낭패를 봤을 수도 있다. 열정만으로 사안을 바라보는 것은 아닌지, 현재 어떤 시기를 지나고 있는지 등을 객관적으로 볼 수 있는 안목이 필요한 것이다.

매달리면 답이 나온다

이런 일화도 있다. 대만에서 수입한 원당을 분당 1,800회 회전하는 기계에 넣자마자 원심분리기가 크게 동요하면서 균형이 잡히지 않았다. 전

직원이 매달려 점검했으나 결과는 마찬가지였고, 이병철 회장님은 기계에 매달리다시피 하며 며칠 밤낮을 보냈다고 한다. 공장의 한 용접공이 "원당을 너무 많이 넣어 균형을 잃은 것 같다"고 했고, 균형을 맞추어가며 원당을 넣었더니 순백의 정제당이 쏟아져 나오기 시작했다. 당시 수입 의존도 100%였던 설탕은 1954년에 51%, 1955년에는 27%, 1956년에는 7%로 떨어졌다. 수입을 국내 생산으로 대체하자는 당초의 목표는 제일제당 창설 3년 만에 완전히 달성되었다고 한다.

이병철 회장님이 기계가 오동작하자 밤새도록 연구한 것처럼 일본 기업 교세라의 창업자 이나모리 가즈오(稻盛和夫) 회장님도 설비에 문제가 생겼을 때 "제품을 끌어안고 싶을 만큼 애정을 가져라"고 했다. 그는 실제로 밤새도록 설비를 끌어안으며 개발한 적도 있다고 한다.

나와 교세라 개발팀 직원들은 화로 근처 온도가 적당한 자리에 누워 사관을 가슴에 안고 밤새 그것을 천천히 돌려가며 모양이 허물어지지 않도록 막아보았다. 만약 다른 사람들이 이 광경을 보았다면 아마도 정신이 나가도 한참 나간 모양이라고 손가락질할 게 분명했다.

어떤 문제가 발생했을 때 나는 어떻게 했던가? 적당히 해보다가 금방 포기하지는 않았는가? 꼭 해결해야 할 문제라면 집요하게 물고 늘어지는 연습을 해보자. 아침에 눈을 뜨는 순간부터 샤워할 때도, 밥을 먹을 때도, 사람들을 만날 때도, 일할 때도, 하루의 끝에서 잠드는 순간까지도 문제에 대해 고민하면 꿈에서까지 나올 지경이 된다. 그 정도로 생각하고 고민하면 해결할 수 있는 실마리는 반드시 나올 것이다.

맨주먹에서 1만 명의 직원을 둔 김승호 회장님

가진 것 없이 미국으로 건너가 맨주먹으로 11개국에 3,800여 개의 지점을 만들고, 직원 1만 명을 둔 도시락 기업 '스노우폭스'를 일군 김승호 회장님은 가장 성공한 재미 동포 중 한 명으로 꼽힌다. 만 40세에 253만 원으로 사업을 시작한 그는 현재 재산만 5,000억 원 이상이라고 밝힌 적이 있고, 2023년에는 스노우폭스를 글로벌 외식기업 젠쇼에 6억 2,100만 달러(약 8,000억 원)에 매각했다. 우리나라뿐 아니라 전 세계를 다니며 '사장을 가르치는 사장'으로도 유명하고, 수천 명의 사장 제자를 배출해냈다. 가끔 인터뷰 영상이나 강의 영상을 보면 지위를 떠나 매우 소탈하시고 솔직한 분처럼 보여 인간적으로도 호감이 가는 분이다. 이런 김승호 회장님은 어떤 청년기를 지나왔을까?

고등학교 1학년, 책과 만나다

김승호 회장님은 유독 조용하고 내성적인 아이였다. 그런 그가 달라진

건 고등학교 1학년 때부터였다. 그에게 관심을 준 담임 선생님 덕분이었다. 그는 등굣길 버스 안에서 삼중당 문고의 책 한 권을 주웠는데, 이광수의 《사랑》이라는 책이었다. 가져온 책을 책상 위에 올려뒀는데 선생님께서 보시고는 교무실로 불렀다. 혼날 때 말고는 교무실에 가본 적이 없었기 때문에 마음을 졸이며 교무실로 갔다. 선생님은 종이 한 장을 건네셨는데 삼중당 문고 중 추천할 만한 책을 적은 종이였다. 초등학교부터 고등학교를 통틀어 개인적으로 관심을 가져준 최초의 선생님이었다. 종이 위에는 《무기여 잘 있거라》,《금강경》,《사회계약론》 등 무려 121권의 목록이 적혀 있었고, 그는 1년간 그 책들을 모조리 찾아 읽었다. 책을 읽다보니 하고 싶은 게 생겼다. 생각의 폭도 넓어졌다. 생각하는 능력이 생기자 사업가가 되고 싶다는 꿈이 생겼다. 선생님의 사소한 관심 하나가 한 사람의 인생을 바꾼 것이다. 김승호 회장님은 미국으로 이민을 떠날 때도 이 책들은 모두 챙겨왔고 지금도 간직하고 있다고 한다. 그때부터 현재까지 그는 아무리 바빠도 매년 약 60권의 책을 읽는다. 집에도 소파, 화장실, 침대 머리맡 등 그의 손길이 닿는 모든 곳에 책이 있다. 그는 독서를 평생 습관으로 받아들여야 한다고 말한다.

나는 나보다 사업이 더 큰 사람이나 더 큰 힘을 가진 권력자에게 두려움이나 존경 혹은 애착을 느껴본 적이 없다. 그러나 내가 제일 존경하고, 조심스러워하는 사람은 평소에 책을 자주 읽는 사람들이다. 누가 지식이 높고 식견이 깊으면 그가 무슨 책을 읽는지 궁금해하고 그를 어려워한다.

어린 시절, 자신에게 관심을 가져준 선생님과의 만남으로 독서가가 되었고, 생각하는 능력을 길러 큰 사업을 일구게 되었다. 아들에게까지 물려주고 싶은 최고의 가치도 독서를 통한 생각하는 능력이라고 그는 말한다. 어떤 직업을 갖든 생각하는 능력을 얻게 되면 어떤 문제나 실패 앞에서도 당당하게 다시 일어설 수 있다. 꿈을 꾸고 그걸 이루기 위해 노력할 수 있는 기반이 독서와 독서를 통한 생각인 것이다.

청년 김승호, 20번의 실패와 극복 방법

김승호 회장님은 1987년 대학을 중퇴하고 미국으로 건너갔다. 흑인 동네의 식료품 가게에서 담배를 파는 것을 시작으로 다양한 사업에 도전했지만 20년간 실패에 실패를 거듭했다. 쉬면서 일하자는 가벼운 생각으로 차린 컴퓨터 조립회사는 몇 개월도 못 버티고 문을 닫았다. 몇 명이서 차린 조그만 증권거래 회사에서는 주식과 선물에 직접 투자했다가 돈을 몽땅 날리고 말았다. 유기농 식품점을 운영할 때는 2001년 9·11 테러가 발생하는 바람에 소비 심리가 추락하면서 매출이 뚝 떨어지더니 매장 앞 도로 확장공사가 시작되어 매출액은 제로를 기록했다. 결국 직원들에게 마지막 급여를 주고 회사 문을 닫고 집에 돌아와 아내 앞에서 소리 내 크게 울었다. 김승호 회장님의 아내는 "괜찮아. 또 해봐. 내가 식당 종업원이라도 해서 애들하고 먹고살면 돼"라고 말해주었다고 한다. 엉엉 울고 난 김승호 회장님은 다시 일어났다.

그렇게 완전히 실패하고 난 후 유일한 희망으로 찾아낸 것이 '걷기'였다. 처음에는 걷기조차 힘들었지만 걷는 동안 다리에 힘이 생겼고, 문제에 대해 깊게 생각할 수 있었다고 한다. 문제에 대해서만 생각하니 머릿속도 깨끗해졌고 움츠렸던 가슴과 어깨가 펴지며 허리가 곧아지고 당당해졌다. 그는 몸과 마음이 연쇄적으로 영향을 받는다는 것을 깨달았고, 마음이 아무리 힘들어도 몸을 건강하게 만들면 자신감을 회복할 수 있다고 믿었다.

김승호 회장님의 걷기에 대한 생각은 과학적으로도 검증되었다. 국제학술지 〈신경심리학(Neuropsychologia)〉의 연구에 따르면 10분가량의 짧은 걷기 운동만으로도 뇌 기능이 빨리 활성화돼 정신적 작업 능률이 향상된다고 한다. 서울아산병원의 정신건강의학과 신동준 의사는 병동에 입원한 환자들에게 하루 면담을 마치면서 "누워만 있지 마시고 왔다 갔다 하시면서 걸으세요"라고 말하는데, 환자들은 귀찮다는 듯한 표정을 지으면서도 "네" 하고 마지못해 대답한다고 한다.

우울하다고 해서 가만히 누워 있다면 생각이 흐르지 않고 맴돌게 된다. 꼬리에 꼬리를 물지만 결국 제자리로 돌아온다. 우울하거나 불안한 사람들에게 가장 필요하다고 생각하는 것 중 하나는 억지로라도 몸을 움직이는 것이라고 한다. 그중에서 가장 쉽게 실천할 수 있는 것이 '걷기'다. 자연환경이나 다양한 건물들로 둘러싸여 있는 바깥에서 걷는 것이 좋다. 사람들을 지나치고 주변의 사물들을 살펴보며, 때로는 멍하게 의도 없이 걸어보는 것이다. 30분에서 1시간 정도 정처 없이 걷다 보면 조금씩 마음이 가벼워지고 생각이 정리되는 것을 느낄 수 있다. 한번 걸어보고 별다른 소득이 없었다면 다음 날 다시 하면 된다.

각 시대의 선구자들은 하나같이 '걷기'를 즐겼다. 독일 하이델베르크에는 18세기 철학자 칸트(Immanuel Kant)의 산책로로 유명한 '철학자의 길'이 있다. 매일 정해진 시간에 산책을 해서 마을 사람들이 그를 보고 시계를 맞추었다는 일화가 전해질 정도다. 철학자 루소(Jean-Jacques Rousseau)는 《고백록》에서 "나는 걸을 때만 사색할 수 있다. 내 걸음이 멈추면 내 생각도 멈춘다. 내 두 발이 움직여야 내 머리가 움직인다"고까지 말했다. 이처럼 걷기는 단순한 운동을 넘어 사색과 영혼의 치유인 것이다.

김승호 회장님도 강연 때마다 신체적 건강에 대해 늘 강조하신다. "정갈한 음식을 먹어라. 팔굽혀펴기 100개를 할 수 있는 체력이라면 어떤 일이든 다시 시작할 수 있다. 실패했다면 반드시 걸어라"라고 말씀하신다. 회장님의 청년기를 보다 보면 실패하더라도 건강하기만 하다면, 최소한 걸을 수 있는 힘 정도만 있다면 괜찮겠다는 생각이 든다. 읽던 책을 잠시 덮고 밖으로 나가 걸어보자.

꿈을 적고 들여다보는 습관

김승호 회장님은 진정으로 바라는 목표가 생기면 100일간 매일 100번씩 적는다고 한다. 스무살부터 상상에 대한 비밀을 혼자 깨닫고 실천했다고 하는데, 살면서 8번을 시도했는데 8번 모두 성공했다. 쓰다가 포기하는 경우도 있었다. 그런 목표는 간절히 원하는 목표가 아니었던 것이라고 그는 말한다. 간절히 원한다면 쓰면서 방법이 보이고 그 목표를 달성하기 위해 노력하게 된다. 주변의 평가에 휘둘려 그 꿈을 버리지 말고, 매일 꿈을 써보는 것인데, 이게 쉬운 일이 아니다. 누구나 할 수 있는 일도 아니다. 그래서 부자는 누구나 되는 게 아닌 것이다.

비슷한 맥락으로 인수하고 싶은 매장이 있으면 매일 아침, 매장 앞에서 "저건 내 거다"를 100번씩 외쳤다고 한다. 미국 지도를 사서 점 300개를 무작위로 막 찍고, 이메일 패스워드를 '매장 300개'로 정했다고 한다. 이메일을 쓸 때마다 꿈을 다시 적어보려는 의도였다. 5년이 지나니까 정말 300개 매장이 됐다. 또 다른 습관은 매년 작은 종이에 목표를 적고, 매일 들여다보며 외치는 것이다. 1년쯤 지나서 보면 적어도 3분의 2는 이뤄져 있다. 현재 목표 중 하나는 주변 사람들을 백만장자로 만들어주는 것이라고 한다. 이 목표를 이루기 위해 한국의 사업가들과 성공 비결을 많이 나눈다는 회장님은 2017년 대한민국에서 유일하게 사장이 사장에게 배우는 '한국사장학교'를 만들었다. 대한민국의 CEO들이 세상에 선한 영향력을 끼치는 기업인이 될 수 있도록 육성시키고 있다.

주변 사람을 백만장자로 만들어주겠다는 자신의 꿈을 위해 김승호 회장님은 오늘도 달리고 계신다. 회장님을 따라 꿈을 적고, 입으로 외치고, 이루기 위해 노력해보자. 어렵게 생각하지 마라.

가장 먼저 해야 할 일은 꿈을 종이에 적는 것이다.

"마누라, 자식 빼고 다 바꿔!", 이건희 회장님

누구에게나 배울 점은 있다

부끄럽지만 솔직한 마음을 털어놓자면, 금수저의 성공은 가슴 깊이 와닿지는 않았다. '어차피 저 사람은 환경이 좋았고, 교육을 잘 받았고, 인성이 바르고, 잘될 확률이 높은 사람이니까 잘된 거야'라는 마음이 은연중에 있었다. 하지만 이조차도 나의 편견일 수 있다는 생각이 문득 들었다. 그들의 삶 속에 깊은 통찰이 있을 수 있고, 적용점이 분명히 있다. 무의식 중에 그들을 질투하면서 본받을 점을 애써 외면한다면 누구 손해일까? 바로 내 손해다.

'삼인행필유아사(三人行必有我師).' 세 사람이 같이 길을 가면 반드시 내 스승이 있다는 뜻이다. 본받을 점뿐만 아니라 '나는 저렇게 되지 않아야지'라고 생각하는 반면교사(反面教師)의 의미도 포함되기 때문에 진리에 가까운 말이 아닌가 하는 생각이 든다. 누구에게나 배울 점은 있다. 이런 관점으로 주변인과 세상을 바라보면 세상이 너무나 재미있어진다. 금수저 출신의 고(故) 이건희 회장님의 이야기를 책에 넣은 건 편협하게 생각했던 나를 반성하고 태도를 바꾸겠다는 의지다. 그럼 이건희 회장님의 이야기로 들어가보자.

2020년 10월의 맑은 가을날, 삼성전자 기흥 캠퍼스에 1,000여 명의 임직원들이 한데 모였다. 지금껏 삼성을 이끈 고(故) 이건희 회장님의 영결식에 참석하기 위해서다. 수많은 직원들의 배웅을 받으며 세상을 떠난 이 회장님이 남기고 간 것은 실로 어마어마했다. 그가 삼성을 이끈 27년간 삼성의 주가는 무려 50배로 올랐고, 시가총액은 500배로 뛰었다. 500배라니, 상상이 되는가? 그가 회장에 취임했을 당시만 해도 시가총액은 국내 10위권이었고, 가전 시장에서는 금성전자(현 LG전자)에 밀려 2인자에 머물고 있었다. 삼성전자를 가전업체에서 지금의 IT업체로 도약시킨 최대 원동력은 이건희 회장님이 주도했던 반도체 사업 진출이었다. 그러나 새로운 사업에 대한 주변의 시선은 매우 부정적이었다.

"TV 하나 제대로 못 만들면서 최첨단 기술로 가는 것은 위험하다."

"미국이나 일본보다 20년 뒤처져 있는데 어떻게 따라가냐."

누구보다 삼성에 대해 잘 알고 있는 경영 비서실에서는 성공 가능성이 40%도 채 안 된다고 이야기했고, 심지어 그의 아버지인 이병철 선대 회장조차, "이놈아, 그 돈이면 TV를 몇 백만 대나 더 만들 수 있는데 그 조그만 것을 만드는 데 쓰겠다는 거냐!"라고 호통치며 답답해 하셨다고 한다. 그럼에도 불구하고 이건희 회장은 절실히 '변화'를 원했다. 당시로서는 말도 안 되는 한국반도체 인수를 감행했다. 결국 성장에 성장을 거듭한 삼성은 메모리 반도체 시장에서 단 한 번도 세계 1위 자리를 내주지 않는 글로벌 기업으로 자리매김하게 되었다. 이건희 회장은 어떤 시간을 거쳐 왔길래 아버지의 말도 꺾을 만큼 변화를 고집했을까?

고독과 함께한 어린 시절

1942년 1월 9일, 대구에서 태어난 이건희 회장님은 대부분의 시간을 혼자 보냈다. 그의 아버지인 이병철 삼성 창업주가 한창 바쁠 때여서 경남 의령의 외할머니 손에서 자랐다. 1947년 5월, 삼성의 사업이 확장되어 온 가족이 대구에서 서울로 이사를 갔다. 드디어 가족이 함께 사는 건가 기대했지만, 얼마 지나지 않아 6.25 전쟁이 발발하며 마산, 대구, 부산 등으로 피란을 다니게 되었다. 가족들은 다시 뿔뿔이 흩어졌다.

1953년 이병철 선대 회장님은 외국을 먼저 알아야 된다며 초등학교 5학년인 아들 이건희를 일본으로 보냈다. 언어와 차별의 아픔을 크게 겪으며 그는 고독한 시절을 보냈다. 놀 친구가 없으니 혼자서 생각하는 시간이 많아졌고, 가장 중요한 시기에 외로움, 부모에 대한 그리움, 차별 등에 대해 끊임없이 생각하는 계기가 되었다.

3년간의 유학 생활 대부분을 집과 영화관에서 고독하게 보냈다. 외로움을 달래기 위해 그는 영화에 몰두했다. 15세가 되기 전에 영화를 3,000편 정도 보게 되었는데, 같은 영화를 10번, 100번씩 보기도 했다. 등장인물, 카메라맨, 감독 등 다양한 관점에서 영화를 봤다. 이러한 습관은 입체적 사고를 하는 데 도움이 되었다. 영화뿐 아니라 뭔가에 꽂히면 며칠 밤을 새면서 파고드는 날이 많았다. 라디오 등 기계장치를 뜯어보고 다시 조립하는 취미도 이때 생겼다. 그의 고등학교 은사님이 1964년 도쿄올림픽에 참석했다가 와세다 대학에서 유학 중인 그의 집에 묵게 되었고, 이런 일화를 소개했다.

"늦은 밤까지 불이 꺼지지 않기에 이 회장이 뭘 하나 궁금해 방에 올라갔습니다. 각종 전자기계 부품이 온 방에 가득했습니다. 밤을 새며 전축, TV 등 전자제품들을 조립하고 분해하고 다시 조립하는 과정을 반복하고 있더라고요"라고 그의 은사님은 놀라며 이야기했다. 유학 시절 자동차를 좋아했던 이건희 회장님은 4,200달러에 중고차를 사서 서너 달쯤 분해와 수리를 직접 한 뒤 4,900달러에 팔아 이윤을 남겼다. 유학 시절 동안 무려 중고차 6대를 수리해서 팔았다고 한다. 세계 최고 수준이었던 일본의 TV, VTR, 카메라, 자동차를 집요하게 분해하고 조립하며 고독함을 집요함으로 승화시켰다.

이건희 회장님의 어린 시절을 보며 '아이에게 너무 가혹한 것 아니야? 가장 중요한 시기에 함께 있어 줘도 모자랄 판에 아예 다른 나라로 보내 버린다고?'라는 생각마저 들었다. 혼자 있는 것을 두려워하는 사람이 많다. 혼자 밥을 먹을 바에는 차라리 굶겠다고 생각하는 사람도 있다. 그러나 진정한 성장과 내면이 깊어지는 시기는 혼자 있는 시간에 찾아온다.

뭔가를 제대로 배우거나 성장하기 위해서는 자신과 마주하는 시간, 온전히 혼자 있는 시간이 필요하다. 중요한 순간에는 관계도 끊을 수 있어야 한다. 고독 속에서는 한 분야에 집중적으로 파고들 수 있다. 이건희 회장님처럼 1년에 200편의 영화를 볼 수도 있고, 전자제품만 뜯어보고 조립해볼 수도 있다.

우리는 소속된 집단이나 가까운 친구가 없으면 스스로를 낙오자라고 여기며 관계에 필요 이상의 힘을 쏟는다. 인간은 사회적인 동물이기 때문에 관계는 물론 중요하다. 그러나 모든 관계가 다 좋은 영향을 주고받는 것은 아니며, 때로는 주위의 평가나 비교로 인해 자존감이 깎아내려지기도 한다. 자발적으로 고독을 선택한 사람은 안락함을 뿌리치고 내가 가치 있다고 생각하는 일에 몰입하는 사람이다. 진짜 실력은 철저히 혼자 있는 시간에서 나온다. 혼자서 뭔가에 푹 빠져 고립될 줄 아는 사람만이 진정 모두를 기쁘게 할 수 있는 무언가를 만들어내고 남들과도 잘 어울린다. 자발적으로 적극적으로 혼자가 되어보면 비로소 세상에 기여해야 할 나만의 진짜 내공이 쌓인다.

변화가 없으면 죽음이다

민주주의를 위한 함성이 거리를 달궜던 1987년, 이건희 회장님이 삼성의 2대 회장에 취임하게 되었다. 이건희 회장님은 저서《생각 좀 하며 세상을 보자》에서 이렇게 이야기했다.

1992년 여름부터 겨울까지 불면증에 시달렸다. 이대로 가다가는 사업 한두 개를 잃는 것이 아니라 삼성 전체가 사그라들 것 같은 절박한 심정이었다.

이병철 회장 시대에는 우리나라 산업의 기반이 성숙되지 않았기 때문에 어떤 산업이든 빨리 어느 정도 수준까지 만들어낼 수 있는 역량이 중요했다. 그러나 이건희 회장의 시대에는 신자유주의 세계화가 일어나고, 하루가 다르게 급변하는 시대가 온 것이다. 이건희 회장은 '양 위주 경영'에서 '질 위주 경영'으로 가야겠다고 생각했지만, 50년 묵은 삼성의 내부는 긴장감이 전혀 없었고, 우리가 최고라는 착각에서 벗어나지 못하고 있었다. 1993년 프랑크푸르트에서 그는 경영진들을 모아 근본적 혁신을 해야 한다고 다음과 같이 열변을 토했다.

바꾸려면 철저히 바꿔야 한다. 일류가 되려면 모든 것을 바꿔야 한다. 극단적으로 말하면 마누라와 자식 빼고 다 바꿔봐라. 농담이 아니다. 과장급 이상 3,000명이 바뀌어야 그룹이 바뀐다. 나는 앞으로 5년간 이런 식으로 개혁 드라이브를 걸겠다. 그래도 바뀌지 않으면 그만두겠다.

그는 임직원들에게 품질 경영 전파를 위한 교본을 만들어 매일 아침 보게 했다. 신경영은 '7·4제'라는 출퇴근 시간 변화로 드러나기도 했다. 오전 7시에 출근해서 오후 4시에 퇴근하는 것으로 변화의 절박감을 임직원들이 온몸으로 느끼게 했다. 이건희 회장님은 양이 아닌 질 위주 경영으로의 변화를 밀어붙이며, "암세포의 분열과 전이를 그대로 닮은 것이 바로 불량제품에 관한 소문이다. 암적 존재인 불량의 조기 발견과 퇴치가 기업의 존폐를 좌우하게 된다"라며 불량을 암에 비유하기도 했다.

이래도 안 바뀌어? 전화기 화형식

1995년 당시 무선사업부의 제품 불량률이 12%에 육박하자 이건희 회장님은 "소비자에게 돈을 받고 파는 물건인데 불량품을 내놓는 게 미안하지도 않냐"며 시중에서 판매 중인 전화기와 팩시밀리 등의 제품을 전량 수거하라고 지시한 뒤 전량 소각하라는 큰 결단을 내린다. 수거한 전화기는 약 15만 대로, 말이 15만 대이지 당시 시가로 500억 원 어치의 제품이 전 직원이 보는 앞에서 불살라졌다.

해머로 부서지고 불살라지는 15만 대의 전화기

이기태 전 삼성전자 텔레콤 네트워크 사장은 당시를 떠올리며 "내 모든 경력을 바쳐 노력한 성과물이자 분신인데 이것들이 몽땅 타들어가는 모습을 보면서 말로 표현할 수 없을 정도로 마음이 아팠다"고 말했다. 생산을 담당한 2,000여 명의 여직원들은 너나없이 부둥켜안고 흐느꼈다.

직원들의 마음에 진짜 변해야겠다는 독기를 심게 한 사건이었다. 전화기 화형식 이후 삼성전자의 품질은 비약적으로 향상됐고, 지금까지도 어디에 뒤지지 않는 내구성을 갖는 제품으로 인식되고 있다. 삼성 애니콜은 그해 모토로라를 제치고 처음 국내 시장 1위가 되었다.

1995년 삼성전자 구미공장에서의 '전화기 화형식'은 이건희 회장님의 품질 경영을 보여주는 대표적인 사례다. '이래도 안 바뀌어?'라고 협박하는 듯한 느낌마저 든다. 오죽했으면 마누라와 자식 빼고 전부 다 바꾸라고 말했겠는가. 이건희 회장님이 주체한 회의에서 진전이 없거나 이전과 다를 바 없는 내용이 이어진다면 여섯 시간이든, 일곱 시간이든 회의는 길어졌다. 오후에 시작된 회의가 자정을 넘기는 일도 흔했다. 회의에 참석한 사장단들은 회의 도중 소변이 마려운 것을 방지하기 위해 당일 아침부터 국과 음료 같은 수분을 일절 섭취하지 않았다는 웃지 못할 이야기도 있다. 그만큼 변화를 간절히 원했던 것이다.

치즈 창고를 뛰쳐나가라

사람들은 변할 수 없는 천 가지의 이유를 댄다. 시간이 더 있었더라면, 애들에게 얽매여 있지 않았더라면, 더 좋은 교육을 받았더라면, 경제 상황이 더 좋았더라면, 빚이 없었다면 등 지금의 자신이 변할 수 없는 이유를 끊임없이 만들어낸다. 이런 사람들을 위해《누가 내 치즈를 옮겼을까》에 등장하는 이야기를 소개하고 싶다. 생쥐들과 인간은 각자의 방법으로 C창고에 있는 치즈를 찾아내는 데 성공한다. 그런데 어느 날 C창고에 있는 치즈가 모두 사라져버린다. 생쥐들은 치즈가 줄고 있음을 인지하고 다른 치즈를 찾아 바로 떠날 준비를 했고, 인간들은 치즈가 사라졌다는 사실을 받아들이지 못한 채 분노와 좌절을 거듭하며 치즈가 다시 돌아오기만을 기다린다. "난 이제 너무 늙었어. 길을 잃고 헤매는 멍청이가 되고 싶지 않아"라고 말하면서 말이다.

과거에 집착하지 말고 새로운 변화에 적응해야 한다. 사라진 치즈에 대한 미련을 빨리 버려야 새 치즈를 찾을 수 있다. 이건희 회장님은 치즈 창고의 치즈가 사라지고 있다는 것을 깨달았던 것 아닐까? 뒤돌아보지 않고 치즈 창고를 뛰쳐나갔고, 절실한 심정으로 변화해 현재의 삼성을 일궈냈다. 미지의 두려움을 극복하고, 변화를 갈망하고 찾는 자에게는 반드시 기회가 온다. 가만히 있으면 아무 일도 일어나지 않는다. 아니, 가만히 있는 것이 오히려 위기다. 이건희 회장님은 늘 고독하셨을 수도 있다. 눈엣가시가 되는 말을 꺼내야 했고, 변화를 말해야 했기 때문이다. 가만히 생각해보면 남들과 똑같은 생각을 하고, 똑같은 말을 하고, 똑같은 행동을 한다면 똑같은 결과를 낼 수밖에 없다. 편안함과 상식이라는 틀에서 벗어나 세상을 바라보고 변화에 도전해야만 변할 수 있다.

풍요로운 삶을 누리는 성공한 사람들에 대해 찾아보고 공부하다
보니 그들이 가진 공통점들이 있었다. 그들의 습관이나 생각을
따라 할 수 있다면 조금이라도 그들을 닮을 수 있지 않을까?

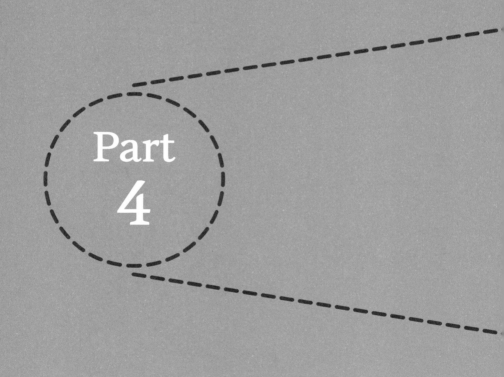

Part
4

성공한 사람들의 공통점

하나, 독서로 지식과 경험을 확장하기

내가 만난 분들과 성공한 사람들의 청년 시절을 관찰해보니 그들에게는 공통점이 있었다. 그 첫 번째가 독서다. 《66일 습관혁명》의 김주난 작가님은 정년을 몇 년 남기지 않은 59세부터 제대로 책을 읽기 시작해 1년간 무려 500권을 읽으셨다. 고명환 작가님은 병상에서 2년 6개월간 3,000권의 독서를 했다. 초등학교밖에 졸업하지 못한 정주영 회장님도 늘 책을 끼고 다니며 5분, 10분을 쪼개 책을 읽었다. 졸업장은 없었지만, 명문대학을 나온 사람 못지않은 학식 수준을 갖고 있었다. 우리가 아는 성공한 사람들치고 독서를 하지 않은 사람은 정말 없다!

미국에서 금융회사를 운영하는 토마스 C. 콜리(Thomas C. Corley)의 저서 《부자 되는 습관》에서 그는 수백 명의 부유한 사람들과 가난한 사람들을 관찰했다. 성공한 사람들, 부유한 사람들의 88% 이상이 하루 30분 이상 반드시 독서를 한 반면, 가난한 사람들의 경우 2%만 독서를 즐기는 것으로 나타났다. 이러한 습관의 차이는 비행기 안에서도 확인할 수 있었다.

일반석 승객들 대부분은 자리에서 영화를 즐기지만, 비즈니스석 승객들은 업무를 보거나 책을 읽었다. 중산층은 대학이나 세미나를 통해 교육을 받으려 하는 반면, 성공자들은 집 안에 책을 쌓아두고 탐독하며 끊임없이 배운다.

우리나라는 어떨까? 유동성 현금자산 20억 원 이상을 가진 30~40대 176명을 조사한 투자 전문가 박용석 씨는 그의 저서 《한국의 젊은 부자들》에서 부자들의 30%가 1년에 30권 이상, 69%가 20권 이상 책을 읽는다고 했다. 앞서 소개한 김승호 회장님은 한 권의 책을 다 읽고 나면 '이런 걸 모르고 살았다니! 이 세상에는 고수가 참 많구나!'라는 두려움이 몰려온다는 말씀을 하신 적이 있었다. 20번 실패하며 산전수전 다 겪은 김승호 회장님도 책을 통해 새로운 것을 계속해서 받아들이고 있는 것이다.

하지만 우리나라의 독서실태를 확인해보면 처참하다. 2024년 4월 18일 문화체육관광부가 발표한 '2023 국민 독서실태조사'에 따르면 성인의 57%가 1년간 독서를 한 권도 하지 않는 것으로 나타났다. 종합독서량은 2021년보다 0.6권 줄어든 3.9권에 불과했다. 우리나라 전체를 생각하면 가슴 아픈 현실이다. 그러나 개인 입장에서 보면 1년에 한 권만 읽어도 상위 43%로 올라서는 것이다. 5권 이상만 읽어도 상위 20% 안에 들 수 있다. 월 평균 소득이 500만 원 이상인 고소득층의 독서율은 54%였고, 월 평균 소득 200만 원 이하인 경우 독서율은 고작 10% 수준이다. 고명환 작가님은 아침 6시에 서울 남산 도서관에 가면 고급 스포츠카가 즐비

해 있는 모습을 항상 본다고 한다. 시간이 지날수록 점점 낮은 등급 모델의 차들이 들어오는데 그 모습이 너무 재미있다는 것이다. 부자일수록 시간을 쪼개서 이른 시간에 도서관에서 책을 읽고 하루 일과를 시작한다는 뜻이다.

		사례 수 (명)	독서 한 적 있음	독서 한 적 없음
전체		**(5,000)**	**43.0**	**57.0**
성별	남성	(2,485)	42.6	57.4
	여성	(2,515)	43.4	56.6
연령	20대 이하	(789)	74.5	25.5
	30대	(772)	68.0	32.0
	40대	(905)	47.9	52.1
	50대	(973)	36.9	63.1
	60대 이상	(1,560)	15.7	84.3
학력	중졸 이하	(642)	7.4	92.6
	고졸 · 고퇴	(1,772)	23.4	76.6
	대재 이상	(2,586)	65.3	34.7
월평균 가구 소득	200만원 미만	(373)	9.8	90.2
	200~300만원 미만	(580)	27.7	72.3
	300~400만원 미만	(961)	36.1	63.9
	400~500만원 미만	(1,041)	46.7	53.3
	500만원 이상	(2,046)	54.7	45.3

* 종합 독서율 : 최근 1년 내 종이책, 전자책, 오디오북 중 1권 이상 읽은 비율

2023 국민독서실태조사 - 종합독서율

내가 되고 싶은 모습이 있다면 이미 그렇게 된 사람을 찾아서 모든 것을 따라 하면 조금이라도 닮아간다. 한 사람이 아니라 수많은 성공자들이 독서를 해왔고, 하고 있다. 월 평균 가구 소득이 200만 원 미만과 500만 원 이상인 사람의 독서량은 5배 이상 차이가 난다. 나라면 가장 먼저 따라 하고 싶은 것이 독서다. 바빠서 시간이 없다는 생각이 든다면 내가

빌 게이츠나 정주영 회장님보다 바쁜가 생각해볼 필요가 있다.

10쪽 독서법

그래도 시간이 안 난다면 10쪽만 읽어보는 건 어떨까. 누구나 새로운 책 10쪽 정도는 호기심에 쉽게 읽을 수 있다. 처음에는 한 권만 읽어보라. 조금 익숙해지면 한 권당 10쪽씩 여러 권을 동시에 읽는 것이다. 독서 능력에 맞게 권수를 설정하고, 뒷부분이 궁금하더라도 하루에 10쪽을 넘기지 않는 것이 중요하다. 그래야 독서에 대한 흥미를 오래 유지할 수 있기 때문이다. 고명환 작가님은 10쪽 독서법으로 원래라면 중간에 포기할 법한 두껍고 유용한 책들도 끝까지 읽을 수 있었다고 한다. 또한 이 방법을 이용하면 장사 등으로 바쁜 와중에도 부담 없이 짬을 내 독서할 수 있다.

10쪽 독서법의 가장 큰 효과는 '엉망진창의 뇌'를 만드는 것이다. 예를 들어 시집과 경제 책처럼 전혀 관계가 없어 보이는 장르의 책을 동시에 읽으며 생각지도 못한 시너지 효과를 만들어내기도 한다. 고명환 작가님이 운영하고 있는 가게에서 드립커피, 다이어트, 작사 등의 무료 강의를 진행하겠다는 아이디어를 낸 것도 메밀국수와는 관계없는 강의 관련 책을 읽다가 떠오른 아이디어였다고 한다. 독서의 시작이 어렵다면 오늘 하루 10쪽만 읽어보기를 권한다.

성공을 위해서만 독서를 해야 하는 것이 아니다. 이렇게 생각해보자. 인류가 문자를 발견하고 삶의 지혜를 문자로 남겨 전수했다. 인생을 통틀어 얻은 지혜를 다음 세대의 현자가 읽고, 공부하고, 자기 분야에서 정점을 찍게 된다. 그 사람은 다시 자신이 얻은 최고의 지식과 경험과 인사이트를 압축하고 압축해 책을 썼다. 또 다음 세대의 현자가 같은 방식으로 책을 쓴다. 그렇게 현재까지 무수히 많은 책이 나왔다. 책 한 권에 몇 년의 지혜가 들어있겠는가? 수백, 수천 년의 지혜가 들어 있는 것이다. 수천 년이 넘는 세월 동안 최고의 수재들이 머리를 맞대며 어렵사리 내놓은 아이디어와 인사이트를 고작 몇 만 원에 얻을 수 있다는 것은 너무나 큰 이점이다. 심지어 도서관에 가면 무료로 책을 대여할 수 있고, 독서할 공간도 무료다. 조금만 찾아보면 근처에 도서관이 있을 것이다. 우리나라는 왜 도서관을 곳곳에 만들어놓았을까? 국가는 좋은 일을 해야 하니까? 아니다. 독서가 국력이기 때문이다. 나라를 이끌 인재가 독서로 길러지기 때문이다. 독서는 인지능력을 발달시키고, 창의력과 사고력을 길러주고, 정신적인 노화를 늦춰주며, 치매를 예방하고 공감 능력까지 향상시키는 등 유익한 점이 셀 수 없을 정도로 많다. 이 모든 것이 세계 최고의 대학과 연구기관을 통해 증명된 사실이다. 그러니 조금이라도 더 나은 선택을 하고 지혜롭게 살기 위해서라도 독서는 필요하다. 자신의 삶을 돌아보고, 미래를 설계하도록 만드는 것이 독서다.

변화의 키는 독서다

책을 읽으면 자신의 행동에 확신이 생긴다. 예를 들어 책에서 반드시 운동하라는 내용을 읽었다. 처음 읽을 때는 '그걸 누가 몰라?' 하고 넘긴다. 그런데 다른 책에서 또 운동에 대한 내용을 다른 근거와 함께 읽게 되면 '음, 중요하긴 하구나' 하고 넘어간다. 그렇게 세 번, 네 번 같은 내용을 마주하게 되면 '운동에는 뭔가가 있어. 이것만 해도 내 인생이 좋은 방향으로 바뀌겠구나. 운동을 하지 않으면 안 되는구나. 오늘은 20분만 걸어보자' 하는 확신이 생기고 움직이게 된다. 이때가 독서의 진수가 발휘되는 순간이다. 책을 읽지 않았더라면 죽어도 하지 않을 행동을 확신을 갖고 하게 된다. 운동으로 삶이 변하고 나면 다시 독서의 중요성을 느끼게 되고 독서로 돌아오게 된다. 결국 독서 → 확신 → 행동 → 변화 → 독서…의 반복인 것이다. 이 사이클이 몇 번 반복되면 결국 인생이 변화하게 된다. 일생에 단 한 번만 삶을 변화시키겠다는 용기를 내 책을 펼쳐보기를 바란다.

둘, 감사한 마음으로 당장 행복해지기

성공한 사람들과 탁월한 리더들은 하나같이 감사하는 습관을 가졌다. 성공했기 때문에 감사할 일이 넘치는 것이 아니다. 아인슈타인(Albert Einstein)의 청년 시절 에피소드를 잠깐 소개하고자 한다. 아인슈타인은 과학자로 유명해지기 전까지는 매우 궁핍한 삶을 살았다. 특히 청년 시절에 매우 가난했기 때문에 빵 한 조각과 물 한 잔으로 끼니를 때우는 경우가 많았다. 어느 날, 그의 친구들이 집에 방문해 아인슈타인의 식탁을 보고 깜짝 놀라며 물었다.

"아니, 정말 빵 한 조각과 물 한 잔으로 식사할 정도로 힘들었다면 우리에게 진작 이야기하지 그랬나!"

그러자 아인슈타인은 미소를 띠며 친구들에게 이렇게 말했다.

"무슨 소리인가. 나는 지금 만찬을 즐기는 중이네. 소금, 설탕, 밀가루, 베이킹파우더, 달걀에 물까지 곁들여서 식사하는 중이라네. 게다가 좋은 손님들까지 있으니. 이만하면 훌륭한 만찬 아닌가?"

너무나 자연스럽고 당당한 아인슈타인의 말에 친구들은 미소를 지을 수밖에 없었다. 아인슈타인은 청년 때부터 작은 것에 감사하는 마음을 가졌다. 매일 100번씩 감사하다고 말하는 습관이 있었을 정도로 감사를 중요하게 생각했다. 힘든 상황을 감사와 웃음으로 승화시키는 유머와 특유의 깡으로 궁핍한 청년기를 버텨낼 수 있었다.

상황은 똑같다. 그러나 그 상황을 어떻게 받아들이느냐는 선택할 수 있다. 현재 나에게 없는 것이 아니라 이미 갖고 있는 것에 집중하게 만드는 것이 '감사'다. 가지지 못한 것에 집중하다 보면 불행한 감정이 꼬리에 꼬리를 물고 따라온다. 또한 뭔가 실행할 때 기회가 아니라 장애물들이 먼저 보이게 된다. 반면 감사하는 삶을 살면 내가 가진 것에 집중하기 때문에 행복해진다. 또 가진 것을 바탕으로 앞으로 나아갈 힘이 생기기 때문에 좋은 일들이 나에게 다가오는 것이다.

나의 감사 사례

감사할 일이 없는데 감사하라고 하니까 마음이 불편할지도 모른다. 나야말로 감사할 일 하나 없는 인생이었다. 입사 후 신입사원으로 정신없이 살고 있던 나에게는 아무리 찾아도 감사할 일이 없었다. 이 업무, 저 업무 처리하다 보면 정신없이 하루가 지나갔다. 고객사에서 연락이 와 밤 10시에 다시 출장을 갔다가 밤을 새우고 다음 날 점심시간에 퇴근했다. 기흥에서 평택까지 오는 길에 너무 졸려 다섯 번이나 차를 세운 적도 있다. 그런데도 깜빡 졸다가 주차되어 있던 차를 박고 말았다. 너무 피곤해서 전화번호만 메모해 남겨놓고 초라한 원룸으로 올라왔다. '아, 나는 진짜 바보인가? 다 도착해서 왜 박았지? 열심히 일하고 월급을 받아봤자 자동차 보험료가 더 나오겠네. 쓸모도 없는 차, 팔아버리고 싶다. 감사는 개뿔. 안 좋은 일만 일어나는데 도대체 어떻게 감사하라는 거야.'

　그 주 주말, 우연히 오프라 윈프리(Oprah Gail Winfrey)의 인터뷰 영상을 보게 됐다. 오프라 윈프리는 자신의 성공 비결을 매일 쓰는 감사일기라고 했다. '고맙습니다, 저는 진실로 복 받은 사람입니다'라고 말하지 않은 날이 단 하루도 없다고 했다. 나는 생각했다. '또 감사 이야기? 감사한 환경이니까 감사한 거겠지'라고 생각하며 오프라 윈프리에 대해 알아봤다. 그런데 그녀가 살아온 환경은 완전 지옥이었다. 지독하게 가난한 가정의 사생아로 태어나 아홉 살 때 사촌오빠에게 성폭행을 당하고, 오빠의 친구들에게까지 성폭행을 당해 아빠가 누군지도 모르는 아이를 임신해서 열네 살에 출산과 동시에 미혼모가 되었다. 아이는 태어난 지 2주 만에 죽었고, 그 충격에 가출해서 마약에 빠지는 등 지옥 같은 날을 살아낸, 아니 살고자 하는 의욕조차 전혀 없던 사람이었다. 내가 오프라 윈프리보다 더 지옥 같은 삶을 살고 있나? 곰곰이 생각했는데 아니었다. 그리고 나는 이내 노트를 펴서 적어 내려갔다.

오프라 윈프리보다 나은 환경에서 자랄 수 있어서 감사합니다.

전에 읽었던 《빅터 프랭클의 죽음의 수용소에서》라는 책에서 등장한 아우슈비츠 수용소의 포로들이 떠올라 또 적었다.

전쟁이 없는 평화로운 시대에 살고 있어서 감사합니다.
지붕이 있고, 침대가 있고, 쉴 수 있는 나의 공간이 있어서 감사합니다.
이런 나에게도 감사할 일이 있다는 것에 감사합니다.

적고 보니 묘하게 기분이 좋았다. '성공하는 비결이라니까 그냥 해보지 뭐'라는 가벼운 마음으로 감사한 일들을 찾기 시작했다. 주차된 차를 박았지만, 그래도 출퇴근 할 수 있는 차가 있으니, 그것도 또한 감사한 일이었다.

출퇴근할 수 있는 차가 있는 것에 감사합니다. 차 안에서 눈치 보지 않고 음악을 들을 수 있는 여유에 감사합니다. 깨끗한 하늘을 볼 수 있는 두 눈이 있어서 감사합니다. 운전대를 잡을 수 있는 손, 엑셀과 브레이크를 밟을 수 있는 발이 있어서 감사합니다.

감사할 일을 찾다 보니 진짜로 감사할 일들이 생겼다. 출장으로 밤을 새우며 고생한 프로젝트가 갑작스럽게 주목을 받으면서 기술상을 받게 됐다. 사원의 직급으로 상을 받는 사례는 드물었기 때문에 직원들 사이에서 이슈가 되기도 했다. 또, 명절이면 기차표 예매가 아이돌 콘서트 예매보다 어려워 항상 운전을 해서 고향에 내려가는데, 연휴 바로 전날 예매 사이트에서 단 두 번의 새로고침만으로 자리가 생겨 운전하지 않고 편안

하게 집까지 내려갈 수 있었다. '우와, 어떻게 연휴 직전에 기차표 예매를, 그것도 내가 꼭 가고 싶은 시간에 했지?'

접촉사고 이후 '차를 팔아버리고 싶다'는 부정적인 생각을 했지만 지금은 차에게 너무 고맙다. '와, 차가 있어 너무 좋다. 어떻게 이렇게 안락하지. 몇 년 동안 전조등 하나 고친 것말고는 수리할 데도 없고, 원하는 모든 곳에 갈 수 있게 해줘서 고마워 내 차야.'

이후로 감사일기를 쓰며 행복감을 조금씩 느꼈다. 감사하는 것이 현실을 부정하는 것이 아니라 같은 상황이라도 관점의 차이로 기분이 달라지듯이 현상을 인식하고 무엇에 집중하느냐에 따라 달라진다는 것을 깨달았다.

감사 나누기

감사에 대한 이야기를 하니 이전 직장에서 후배와의 에피소드가 생각난다. 늘 무기력해 보이고 큰 의지가 없어 보이는 후배에게 말했다.

"감사하면 정말로 감사할 일이 생기고, 행복하다고 말하면 정말 행복한 일이 생겨요. 나는 행복합니다~ 이런 노래도 있잖아요."

후배는 물었다.

"아무리 찾아도 감사할 일이 없으면 어떻게 하나요?"

나랑 똑같았다. 감사할 일이 없는 이유는 불행과 불만에 초점을 맞추기 때문이다. 행복에 초점을 맞춰야 감사할 일이 생긴다. 아무리 힘든 날을 보냈다고 해도, 자세히 살펴보거나 멀리서 바라보면 반드시 감사할 일이 있다. 일단 감사하다고 입으로 외쳐보라고 했다. 머릿속에 떠오르는 것, 눈에 보이는 것, 행동하는 것들에 감사하다고 말해보라고 했다. 후배는 인상을 쓰며 이렇게 말했다.

"음, 오기 싫은 회사에 와서 감사합니다? 이렇게 하는 거 맞아요?"

"그것도 물론 좋은데 감사할 때는 부정적인 단어들은 빼볼래요? 안돼, 싫어, 짜증나, 화나, 불안해 이런 말은 빼고 해보세요. 제가 해볼까요?"

나는 말했다.

"회사에서 이렇게 좋은 이야기를 나눌 수 있어 감사합니다. 일어났을 때 몸이 아프지 않아 감사합니다. 출퇴근할 수 있는 차가 있어서 감사합니다. 차에서 음악과 오디오북을 들을 수 있어서 감사합니다. 운전을 할 수 있도록 잘 보이는 눈과 손, 발이 있어서 감사합니다. 평화로운 대한민국에 살고 있어서 감사합니다. 이런 식으로 하면 감사하다고 말할 수 있는 것들이 무궁무진해요."

후배는 잠시 고민하더니 감사한 것들에 대해 말했다.

"출근할 수 있어서 감사합니다. 점심을 먹고 커피 한잔을 할 수 있는 여유가 있어서 감사합니다. 일을 할 수 있어서 감사합니다. 날씨가 좋아서 감사합니다."

후배는 이어서 물었다.

"근데 이게 무슨 효과가 있나요? 하든 안 하든 똑같은 것 같은데요."

"한 번 했다고 달라지는 게 이상하지 않을까요? 꾸준하게 감사할 일을 찾고 감사하다고 입으로 말해봐요. 미국에서 이런 실험을 한 적이 있어요."

나는 미국에서 있었던 실험 이야기를 들려주었다. 미국의 심리학자 로버트 이먼스 (Robert A. Emmons)와 마이클 맥컬러프(Michael McCullough)는 감사의 효과를 검증하는 실험을 했는데, 첫 번째 연구에서 그들은 대학생들에게 10주간 일주일에 한 번 감사한 일 다섯 가지를 찾아 기록하게 했다. 그 결과는 놀라웠다. 감사일기를 쓴 학생들은 삶에 대한 만족도가 높았고, 미래에 대해 낙관적이었다. 실험 기간을 늘리면 늘릴수록 삶에 대한 만족도와 낙관성이 높았다. 감사일기를 쓴 대학생들은 부정적인 생각은 줄어들고 긍정적인 생각은 늘어 자존감 지수도 높아졌다. 정서적인 문제에만 그친 것이 아니었다. 신체적인 측면에서는 수면의 양도 늘고, 질도 향상되었다. 감사와 관련된 국내외 연구기관의 결과 등을 후배에게 보여주며 말했다.

"이 모든 데이터를 한마디로 표현하면 감사하는 삶 속에 행복이 있다는 거예요. 결국 우리는 행복하려고 사는 거잖아요? 행복해지고 싶어요?"

"네, 당연히 행복해지고 싶죠. 이게 진짜면 앞으로 하루에 하나씩이라도 감사하다고 해볼게요. 오늘은 아까 했으니까 안 해도 되죠? 하하하."

감사하는 마음은 다른 사람을 향한 감정이 아니라 자신을 위한 감정이라는 것을 꼭 알았으면 좋겠다. 정말이다. 감사의 가치를 알고 글로써 여러분에게 전달할 수 있음에 감사합니다.

셋, 무작정 도전하기

황량한 땅에 나무 몇 그루 심어져 있는 사진으로 여기에 조선소를 짓고, 배를 만들겠다며 투자를 받으러 세계로 나간 정주영 회장, 주변 모두의 반대를 무릅쓰고 개인 자금으로 한국반도체의 지분 50%를 인수한 이건희 회장, 20년 동안 실패를 하고도 또 사업을 하겠다고 뛰어든 김승호 회장, 이들뿐만 아니라 성공한 사람들은 하나같이 터무니없는 도전을 한 사람들이었다. 모두가 '미친 짓'이라고 한 일을 도전한 사람들이었다.

무작정 도전한 국토 종주

우연히 국토 종주에 대해 알게 되었다. 인천에서 부산까지 633km에 달하는 거리를 자전거로 가는 말 그대로 우리나라를 종(縱)으로 가로질러 가는 것이다. 인생의 버킷리스트 중 하나로 언젠가는 도전하겠다고 생각해 국토종주 인증수첩만 사두었다. 며칠 뒤 수첩을 받아들고 한 페이지씩 넘겨보다가 문득 지금 당장 떠나야겠다는 생각이 들었다.

'지금 하지 못하면 평생 못할지도 몰라. 내가 사는 우리 땅을 한번은 내 발로 가로질러봐야지 않겠어?'

중고로 10만 원짜리 자전거를 샀다. 2만 원짜리 헬멧과 8,000원짜리 라이트를 샀다. 그리고 내비게이션이 되어줄 휴대폰과 충전기를 가방에 챙겨 수첩에 적혀 있는 첫 인증센터인 인천으로 떠났다. 지금도 내가 샀던 자전거가 어떤 종류의 자전거인지 모른다. 인천에 도착하기 전까지 다음 목적지가 어디인지도 몰랐다. 도착하면 다음 목적지, 또 바로 다음 목적지를 찍고 무작정 달렸다.

국토종주를 하기 위해 자전거의 종류와 특징을 세세하게 알아보고, 하루에 몇km를 이동할지, 숙박은 어디서 할지 철두철미하게 준비했다면 험난한 코스와 열악한 환경에 시작하기도 전에 포기하고 싶은 마음이 들었을 것이다. 하겠다고 마음먹었다면 '그냥' 도전해보는 것이다. 일단 저질러놓고 시행착오를 겪으면서 방향을 수정해도 괜찮다. 중요한 것은 실행하는 것 그 자체다.

최악의 순간은 그 순간만 넘으면 된다는 뜻이다

중학생 이후로 자전거를 처음 타는 것이었는데, 앞선 의욕 탓에 무리를 한 걸까? 첫째 날부터 무릎이 삐걱거리더니, 둘째 날 오후부터는 자전거는 탈 수도 없었다. 한 걸음을 내딛을 때마다 무릎 뼈를 칼로 찌르는 것처럼 시려왔다. 더 이상 앞으로 가기가 어려워 충주 수안보 119를 찾아갔다.

"자전거 처음 타시죠? 이렇게 무리해서 타시면 안 됩니다. 며칠은 쉬어야 해요."

"충주까지 왔는데 포기할 수는 없어요. 자전거가 문제면 걸어서라도 가겠습니다."

대원님은 안타까운 표정으로 떠나는 나에게 진통 파스를 건네주시며 무리하지 말라고 거듭 주의를 주셨다. 새끼손가락과 약지의 운동신경을 관장하는 척골신경에 마비가 오면서 오른손에 힘이 없어졌다. 설상가상으로 뒷바퀴의 타이어는 터지고 브레이크도 말썽이었다. 그런 상황에서 국토 종주 길의 최대 난코스인 '이화령고개'가 나를 기다리고 있었다. 시간은 이미 저녁 8시를 향해가고 있었는데 약 올리기라도 하듯 자전거 꽁무늬에 본드로 붙여놨던 후미등도 떨어져버렸다. 굽이굽이 꺾이고, 가파른 산길을 1시간 반가량 걸어 올라가야 했다. 근처에는 수리점과 숙박할 곳이 없었고, 돌아간다면 또 1시간 이상을 되돌아가야 하는 진퇴양난의 순간이었다.

'앞으로 가도 답이 없고, 뒤로 가도 답이 없다면 앞으로 가는 게 맞아.'

산길 한복판에서 들짐승과 같이 잠을 잘 게 아니라면 가만히 있을 수는 없었다. 날이 새더라도 앞으로 가야겠다고 생각했다. 왼손은 자전거 핸들을, 오른손으로는 떨어진 후미등을 들었다. 무릎에 전기가 오르는 느낌이 올 때마다 속으로 비명을 지르며 한 걸음씩 오르기 시작했다. 그나마도 300m 정도 걷고는 무릎이 아파 멈췄다.

'아…. 최악이다. 걷기도 힘들고, 바퀴는 터지고, 저녁이라 금방 어두워

질 텐데, 정말 최악의 순간이야.'

고개를 떨궜다. 그러다 잠시 후 이런 생각이 들었다.

'지금이 최악의 순간이라면 이것보다 어려운 상황은 없다는 말이잖아? 이 정도면 괜찮은데? 죽은 건 아니잖아? 이 상황을 게임 속의 미션이라고 생각하자!'

인생에서도 최악의 순간이라고 느껴질 때가 있다. 신기하게도 크고 작은 문제들은 한 번에 닥쳐온다. 모든 걸 포기하고 싶을 정도로 절망스럽다. 한 사람도 예외 없이 누구에게나 문제 상황은 찾아온다. 그렇다면 그 안에서 변화시킬 수 있는 것은 반드시 찾아오는 문제를 맞이하는 우리의 자세밖에 없다. 교훈을 얻을 것인가, 아니면 실망하고 좌절할 것인가? 나는 이 위기를 게임 속의 미션 같은 것이라고 생각했다. 이것만 넘기면 엄청나게 많은 경험치를 얻어 폭풍 레벨업을 할 수 있는 미션 말이다. 절대 포기하지 않겠다고 다짐하는 태도를 가진 사람과 그렇지 않은 사람은 결과에서도 엄청난 차이를 만들어낸다.

세상은 도전하는 사람에게 길을 열어준다

자전거를 끌고 1km 정도 올라갔을 때, 이화령고개 꼭대기 펜션에서 산책을 나온 분을 만나게 되었다. 그분과 아이, 셋이서 나란히 걸어 그 길을 올라가기 시작했다. 누군가 함께 있으니 두려움도 줄고 마음이 조금 편안해졌다. 속에 있는 깊은 이야기까지 나누다 보니 무릎의 고통도 줄어드는 기분이었고, 어느새 1시간이 지나 꼭대기에 도착하게 되었다. 그분께서 말씀하셨다.

"이렇게 밝은 모습으로 도전하는 모습이 너무 보기 좋아요. 이것도 인연인데 제가 차로 내리막까지는 데려다 드릴게요. 문경 쪽에 잘 수 있는 곳이 많이 있어요."

어떻게 그 상황에서 깊은 이야기를 나누며 함께 걸어 올라갈 수 있는 사람을 만났을까? 또 어떻게 그분은 자전거를 실을 수 있는 큰 SUV 차량의 차주였던 걸까? 또 어떻게 그분은 나를 숙소까지 데려다줘야겠다는 마음을 가지시게 되었을까? 이 모든 답을 나도 모르지만 문득, "세상은 항상 계속 도전하며 창조하는 사람에게만 길을 열어준다"고 말씀하신 정주영 회장님의 말씀이 떠올랐다. 절망의 순간, 포기하고 싶은 바로 그때, 용기를 내 전진한다면 우연의 일치로 보이는 행운이나 호의가 우리에게 찾아오기도 한다. 그것을 사람들은 기회라는 이름으로 부르고, 그 기회는 대부분 사람을 통해 오게 되는 것 아닐까라고 어렴풋이 느낄 뿐이었다.

뭔가에 도전하면 남는 것밖에 없다

다음 날, 문경읍 숙소에서 약 1km 떨어진 곳에 있는 '극동 자전거'라는 수리점에 방문했다. 사장님은 내 자전거를 보고 너무 놀라며 웃기만 하셨다.

"사장님, 왜 그러세요? 바람만 얼른 넣어주세요. 부산까지 가야 되거든요."

"하하하, 이런 자전거로 국토 종주를 어떻게 해. 이 타이어 좀 보라고. 이 지경이 된 채로 자전거를 타니까 당연히 구멍이 나지. 여기까지 온 게 기적이야!"

자전거를 잘 모르는 내가 봐도 이건 심하다는 생각이 그제서야 들었다. 10만 원짜리 중고 자전거였기 때문에 많은 걸 바란 건 아니었지만 그래도 5일은 버틸 줄 알았다. 국토 종주를 하기 전에 점검 한 번은 받고 출발해야 한다는 것도 처음 알았다. 점검은커녕 나는 타이어에 바람 넣는 법도 몰랐다. 결국 앞, 뒤 타이어를 모두 교체하고 앞브레이크도 손봐주셨다. 수리를 하는 동안 약국에 들러 가장 강력한 진통 파스와 무릎 보호대를 샀다. 파스를 양껏 뿌리고 나자 얼얼한 느낌만 날 뿐 뼈를 찌르는 시림은 덜해졌다. 다시 페달을 굴렸다.

진열되어 있던 자전거(좌)와 내 자전거(우)의 타이어를 비교한 모습

처음에 목표했던 5일이라는 기간 안에 종주를 마치고 싶어서 19시간

이상 페달을 밟기도 하고, 국토 종주에 도전하는 사람들과 함께 대화도 나누며 성공적으로 도전을 끝냈다. 국토 종주가 아니었다면 평생 만나지 못했을 사람들을 만났다. 평생 보지 못했을 풍경도 봤다. 평생 느껴보지 못했을 고통을 느꼈고, 평생 느껴보지 못했을 성취감도 느꼈다. 15년 만에 처음 타는 싸구려 자전거로 5일 만에 국토 종주도 해낸 내가 이제 못할 일이 뭐가 있을까?

5일 만에 완주한 국토종주.
처음 자전거를 탔지만 도전하면 못할 일은 없다는 것을 깨달은 경험이었다.

앞으로도 큰 계획 없이 도전하고 싶은 것이 있으면 과감하게 도전할 것이다. 뭔가에 도전하면 남는 것밖에 없다. 적어도 '이렇게 하지 말아야지' 하는 교훈이라도 남게 된다. 실패를 두려워하지 말고 무작정 도전해 보라. 국토 종주 인증수첩이라도 주문해보자. 당신도 국토 종주에 도전하게 될지도 모른다. 다른 건 몰라도 자전거는 꼭 한 번 점검을 받고 출발하기를 바란다.

Part 4. 성공한 사람들의 공통점

넷, 실패와 거절을 두려워하지 않기

우리가 무언가를 시도하지 못하는 가장 큰 이유는 무엇일까? 그 이유 중 한 가지는 실패가 두려워서다. 그러나 성공한 사람들은 모두 숱한 실패를 경험했다. 많은 실패를 통해 경험을 쌓고, 그것을 다시 활용해 좋은 결과를 만들었다. 대부분의 사람들은 실패가 두려워 그 자리에 머무르게 된다. 이건희 회장님은 실패는 많이 할수록 좋으며 아무 일도 하지 않아 실패하지 않는 사람보다 무언가 해보려다 실패한 사람이 훨씬 유능하다고 말했다. 삼성의 창업주 이병철 회장님도 운송업을 시작한 지 1년 만에 자본금의 3분의 2를 날려버렸다. 그는 '천국과 지옥을 오가는 기분이 이럴까? 결국 시작점으로 돌아왔구나'라고 생각하며 회한의 눈물을 흘렸고, 모든 것이 꿈 같다고 회고했다. 앞서 소개한 김승호, 켈리 최, 정주영 회장님 등 성공한 사람들도 '인생이 망했다'고 표현하기에는 부족할 만큼 바닥을 뚫고 지하로 내려간 경험이 있다.

스팽스의 CEO 사라 블레이클리(Sara Blakely)의 아버지는 그녀가 어릴 때 "오늘은 무슨 실패를 했니?"라고 물었다고 한다. 그녀가 실패한 것이 없다고 하면 아버지는 실망스러워했다. 반대로 "오늘 이걸 못하고 말았어요"라고 하면 "아무것도 안 하는 것보다 훨씬 잘했다"며 칭찬해주었다. 그녀의 아버지는 실패를 반복시켜주고 싶었던 것이다. 실패가 학습된 사람은 웬만한 실패에 굴하지 않고, 성공으로 도약할 수 있는 발판으로 만든다. 진짜 실패는 포기하기 전까지 절대 오지 않는다. 실패하지 않아야 한다는 고정관념을 지금 이 순간 완전히 깨자. 앞으로 실패는 좋은 것이라고 생각하자. 실패는 더 이상 두려운 일이 아니다. 실패의 경험을 많이 쌓을수록 성공의 확률은 높아진다.

우리는 이미 3,000번 이상 실패했지만 일어난 존재

새로운 것을 시도하고 도전하는 것은 어려운 일이다. 용기를 내 시작하더라도 꾸준히 지속해 원하는 결과를 얻는 것은 더욱 어려운 일이다. 인간의 뇌는 새로운 도전이나 낯선 것을 두려워하는 본능이 있기 때문이다. 그런데 만약 우리가 3,000번 이상 실패하며 도전해서 성공한 경험이 있다면 어떨까? 그 경험을 토대로 새로운 도전도 쉽게 할 수 있을 것이다. 그 10분의 1만큼만 노력해도 대부분의 일은 이뤄낼 수 있기 때문이다. 많은 사람이 잊고 살지만 놀랍게도 우리는 모두 3,000번 이상 실패했지만 일어난 존재다. 그 경험은 바로 우리가 걸음을 시작하는 아기였을 때로 돌아간다.

아기는 머리가 몸통보다 크고 무거워 신체의 균형을 잡기가 굉장히 어렵다. 넘어질 때는 온몸으로 넘어져서 부모가 잠깐만 한눈을 팔아도 머리, 어깨, 무릎 등이 수없이 다치고 깨진다. 그럼에도 아기는 겁 없이 다시 일어난다. 아프다고 일어나려는 의지를 버리지 않는다. 오뚝이처럼 다시 일어나 걸으려고 안간힘을 쓴다. 아기는 넘어지지 않도록 잡아주는 손을 알고 넘어진 자신을 일으켜 주는 손을 믿는다. 아기는 그렇게 걸음마를 배워 세상을 걷기 시작한다. 넘어진 그 순간에는 진전이 없어 보이지만 아기 다리에는 근육이 생기고 균형감각을 익히고 있는 중인 것이다. 성장이 없어 보이지만 죽순처럼 깊숙이 뿌리를 내리고 있는 중인 것이다. 무언가를 시도하다가 실패했을 때, '나는 이미 3,000번 넘어졌고 3,001번째 일어난 사람이야'라는 강한 의지를 가져보자. 무슨 일이든 해낼 수 있을 것이다.

거절당하기 연습

실패하는 방법 중 하나로 제시하고 싶은 것은 '의도적으로 거절당하기'다.

지아 장(Jia Jiang)의 저서 《거절당하기 연습》에서 저자는 100일간 100번 거절당하기에 도전했다. 첫날 모르는 사람에게 100달러를 빌려달라고 다가갔다가 안 된다는 말에 도망치듯이 나왔다. 둘째 날은 패스트 푸드점에서 햄버거 리필을 요청했지만 거절당했다. 심장이 터질 것 같고 온갖 부정적인 감정이 밀려들었다. 셋째 날, 도넛 가게에서 올림픽의 상징인 오륜기 모양으로 도넛을 포장해달라고 요청했다. 점원이 가만히 들으며 고민에 고민을 거듭하더니 도넛 5개로 연결된 특별한 오륜기를 만들어주었다. 무언가를 제안했을 때 대부분의 사람들이 그냥 거절하는 게 아니라, 대화를 이어 나갈 여지를 줬다. 도망가지 않고 자리에 남아 계속해서 노력한다면 부정적인 답변이 아닌 긍정적인 대답을 얻을 수 있다는 것을 저자는 알게 되었고, 의외로 많은 사람들이 부탁을 들어주었다.

우리는 거절을 당하면 상대가 '나'를 거부하는 것으로 느껴 상처를 받는다. 그러나 나 자체를 거부하는 게 아니라 상대에게도 거절의 이유가 있다. 지아 장이 어느 집 마당에 "꽃을 심어도 되냐"고 물었을 때 거절을 당했다. 왜냐고 물으니 그 집의 개가 마당을 파헤치기 때문에 안 된다는 것이다. 즉 지아 장을 거부한 게 아니라 나름의 이유가 있었던 것이다. 그 주인은 대신 옆집을 소개해줬고 그 마당에 꽃을 심을 수 있었다. 두려움에 먼저 포기해버려 시도조차 하지 않으면 여러 기회를 놓치게 된다. 세상에는 우리의 생각보다 훨씬 많은 기회가 있다. 당신이 요청만 한다면 많은 일들을 해낼 수 있는 가능성이 있는 것이다.

지아 장의 거절당하기 연습을 감명 깊게 읽고 여운이 가시지 않은 한여름 밤, 러닝을 하면서 '내가 지금 거절당할 수 있는 것이 뭐가 있을까?' 생각했다. 공원을 크게 돌아서 뛰던 중 대형 카페를 발견하고는 생각했다. '저기 들어가서 커피를 달라고 하고 거절당해보자!' 러닝할 때 시계만 차고 달렸기 때문에 지갑도, 휴대폰도 없었다. 나는 카페의 문을 열고 들어가 계산대에 있는 아르바이트생에게 말했다.

"제가 1시간 동안 뛰다가 아메리카노가 너무 마시고 싶어서 들어왔습니다. 집에 가서 바로 계좌이체를 할 수 있는데 한 잔만 주실 수 있나요?"

서 있던 직원 세 명이 서로를 쳐다보다가 가장 키가 큰 직원이 다가와서 안 된다고 했다. 뒤에 있던 직원들의 웃음소리가 들렸다. 얼굴이 화끈거렸다. 빨리 그 상황을 벗어나고 싶었다. 지아 장이라면 여기서 한발 더 나아갔을 것이라고 생각하며 다시 물었다.

"어떻게 하면 제가 받을 수 있을까요? 먼저 받을 수 있는 방법이 단 하나도 없을까요?"

"네…?"

"30분 뒤에 바로 계좌로 입금해드리고, 다음에 여기에 꼭 들르고, 친구들에게도 추천할게요!"

키 큰 직원이 대답했다.

"저희 교육 매뉴얼에 이런 경우가 없어서 어렵습니다. 반드시 카드나 현금으로 직접 결제하셔야 됩니다. 이체로 돈을 받을 수 있는 계좌조차 없습니다."

그렇게 거절당하고 밖으로 나와 다시 뛰며 생각했다. 두 가지 깨달음을 얻을 수 있었다. 첫 번째 깨달음은 매뉴얼대로 교육받은 아르바이트생은 실수 하나로 잘릴 수 있기 때문에 매뉴얼대로 대응할 수밖에 없었다. 만약 사장님이었다면 결과는 달랐을지 모른다. 두 번째는 더 당당해야 한다는 것이다. 나중에 반드시 값을 받을 수 있다는 확신을 주지 못했다. 뛰던 중이라 숨이 차 횡설수설한 것이다. 이 두 가지 깨달음을 얻었으니 집에 그냥 들어갈 수는 없었다. 집에 거의 도착한 시점, 자그마한 카페에 사장님처럼 보이는 분이 혼자 계셨고, 손님도 없었다. 횡설수설하지 않도록 미리 숨을 골랐다. 카페 문을 열었다.

"제가 막 뛰다가 아메리카노가 너무 마시고 싶어서 들어왔는데 지갑을 놓고 운동하러 나왔습니다. 집까지 뛰어가면 30분 정도 걸리는데 집에 가서 계좌이체를 해드려도 괜찮을까요?"

"계좌이체 안 해요."

"아, 그러시군요. 정말 간절한데 어떻게 하면 받을 수 있을까요? 방법이 단 하나도 없을까요?"

"그냥 한 잔 드릴까요?"

"네?!"

거절당하려고 한 건데 이렇게 쉽게 승낙을 받아버리다니! 커피를 내리는 동안 계좌번호를 계속 여쭤봤는데 절대 가르쳐주시지 않았다. 운동으로 땀을 흘리고 있으니 물도 내주셨다. 사장님께 물었다.

"사장님은 커피를 팔아서 돈을 버시는 건데, 이런 말도 안 되는 부탁을 왜 들어주신 건가요?"

"젊을 때 공부하던 시절이 생각나서요. 커피가 너무 마시고 싶고 간절했는데 돈이 없어서 못 마셨던 때가 있거든요. 지금 카페를 차린 것도 커피를 그렇게나 좋아했기 때문이에요. 그때 생각이 나서 그냥 드리고 싶었어요. 살아가면서 가끔 마주치는 호의라고 생각해주세요."

"저처럼 그냥 달라고 한 사람도 있었나요?"

"아, 지금까지 딱 한 명 있었어요. 다음에 온다고 했는데 아직 안 왔네요. 하하하."

지아 장처럼 거절당하기를 해보니 생각보다 아무렇지 않았다. 첫 번째 카페에서 거절을 당했기 때문에 '이렇게 하면 안 되겠구나, 이렇게 해야 되겠구나'라는 아이디어가 떠오른 것이다. 그 경험과 깨달음으로 두 번째 카페에 다시 도전해 거절이 아니라 승낙을 받게 되었다. 실패가 모여 성공을 만들어낸다면 한 번이라도 더 많은 실패를 경험해보는 것이다. 성공으로 가는 길에 반드시 실패가 있다. 100% 마주해야 한다면 실패는 피할 것이 아니라 환영해야 할 대상이다. 머릿속으로 생각해봤던 그러나 접어두었던 일이 있다면 실패하기 위해 도전해보자. 그 실패가 당신을 성공의 길로 이끌어줄 것이다.

다섯, 긍정 마인드를 장착해 성공길에 오르기

감옥과 수도원의 차이를 아는가? 세상과 고립된 채 단출한 식사를 하고, 불편한 잠자리 등 감옥과 수도원에서의 생활은 비슷하다. 하지만 차이점은 그곳에 있는 사람이 불평하느냐, 감사하느냐 하는 생각의 차이뿐이다. 그래서 감옥은 지옥이 되고, 수도원은 천국이 되는 것이다. 삶에 대한 통찰력과 지혜가 있었던 사람들은 어떤 상황이라도 긍정적으로 생각했고, 그 생각이 성공의 기반이 되었다. 파나소닉의 창업자이자 현대 경영의 아버지로 불리는 마쓰시타 고노스케(松下幸之助)는 세 가지 은혜 덕분에 크게 성공할 수 있다고 말한다.

첫째, 집이 몹시 가난해 어릴 적부터 구두닦이, 신문팔이를 하며 세상을 살아가는 데 필요한 경험을 쌓을 수 있었다.

둘째, 태어났을 때부터 몸이 몹시 약해서 늘 운동에 힘써왔기 때문에 늙어서도 건강하게 지낼 수 있게 되었다.

셋째, 초등학교도 못 다녔기 때문에 세상의 모든 사람을 스승으로 여기고 배우는 일에 게을리하지 않았다.

보통 사람에게는 세 가지 은혜가 아니라 제발 겪고 싶지 않은 세 가지 고통으로 보인다. 그러나 그는 어떤 상황에도 반드시 된다고 믿고 긍정적으로 생각하면 무엇이든 이룰 수 있다고 말했고 실제로 이뤄왔다. 힘든 일이 있을 때 좌절하고 절망에 빠져 불행한 삶을 사는 사람이 있는가 하면 그 어려움을 기회로 만드는 사람이 있다. 마쓰시타 고노스케는 선천적으로 몸이 약했기 때문에 건강에 관심을 가질 수 있었고, 꾸준히 운동하며 아흔다섯 살까지 장수했다. 그렇게 생각하면 우리에게도 감사할 일들이 많다. 가지고 있는 것에 대해 감사할 수 있고, 없는 것에 부재를 느끼고 보강할 수 있으니 감사할 수 있는 것이다. 없어도 감사할 수 있는 긍정적인 사고가 우리를 한층 더 성장시킨다.

현대 정주영 회장님의 미친 실행력도 초긍정 사고가 기반이 되었다. 대표적인 사례가 주베일 공사다. 1976년 주베일 공사는 국내 건설사는 꿈도 꿀 수 없던 분야였다. 당시 우리나라 건설업은 바다 위에서 공사를 한 경험이 없었기에 현대건설은 후보에도 끼지 못하는 상황이었다. 일본의 대형 건설사도 못 낀 공사라며 당시 정인영 사장은 강하게 반대했고, 모든 사람들이 '불가능한 일'이라고 주장했다. 그러나 정주영 회장님은 "해봤어?"라는 말 한마디로 모두를 잠재웠고, 안 될 일도 되게 만드는 실행력을 보여줬다. 파격적인 입찰가로 수주를 따내는가 하면 철근 구조물을 인도양을 거쳐 35일 동안 운반하는 등 기상천외한 방법으로 2년 반 만에 완공해 '20세기 최대 건설공사'라고 불리는 공사로 남았다. 그리고 "무슨 일이든 할 수 있다고 생각하는 사람이 해내는 법이다. 의심하면 의심하는 만큼 밖에 못하고, 할 수 없다고 생각하면 할 수 없는 것이다"라고 말씀하셨다. 전심전력으로 반드시 해결하겠다는 의지가 있다면 불가능도 가능으로 만들 수 있는 것이다.

잘되면 내 덕, 안 되면 네 탓?

많은 사람들이 부정적 결과의 원인을 상황 탓으로 돌리는 경우가 많다. 그러나 남 탓을 한다고 해결되는 것은 아무것도 없다. 동료 탓, 회사 탓, 사회 탓, 경제 탓을 한다고 해서 내가 바라는 대로 회사나 가족이 갑자기 변하는 것도 아니다. 우리는 사고방식을 완전히 바꿔버려야 한다. 문제가 생겼을 때, 내가 어떻게 변해야 문제가 해결될까? 내가 할 수 있는 일은 무엇일까 생각하며 문제를 직시해야 한다.

미국의 셰인 프레데릭(Sheane Frederick) 교수의 연구에 따르면, 사고를 당한 후 그 사고를 남 탓이라고 원망하는 사람일수록 현저하게 낮은 대처 능력을 보인다고 한다. 남 탓을 할수록 문제와 개선할 부분을 직시하지 못하는 반면, 자신의 책임과 잘못을 인정하고 개선하려고 하는 사람들은 대부분 문제를 수용하고 극복하는 모습을 보였다.

앞서 현대 정주영 회장님의 인생을 통틀어 가장 큰 적자를 기록한 고령교 공사를 소개했다. 당시를 회상하며 정주영 회장님은 이렇게 말했다.

나는 지금도 고령교 공사의 실연을 운 탓으로 돌리지 않는다. 공사 외의 다른 면에 대해서는 치밀하게 계산하고 예측하고 대비하는 것에 게을렀기 때문이다. 모든 실패의 원인은 내 탓이었다. 비싼 수업료를 내고 공부한 셈 치자고 생각했다. 그렇게 마음을 다스리니 상황만큼 절망스럽지는 않았다. 오히려 담담한 편이었다.

너무 긍정적으로 말해서 별일 아닌 것처럼 느껴지지만 그의 인생에서 최악의 상황이었다. 자신의 사업장과 형제들의 집을 모두 팔았고, 매제 가족은 세 얻을 돈도 없어 판잣집을 짓고 들어가 살았다. 매제도 울고, 동생도 울고, 정주영 회장님도 울고, 온 가족이 울었다고 한다. 그럼에도 인플레이션이나 강물의 물살 등 외부 환경을 탓하며 자포자기하지 않았다. 그가 다시 일어설 수 있었던 것은, 실패의 원인을 스스로에게서 찾고자 했기 때문이다.

남북 전쟁을 승리로 이끈 링컨 대통령은 마이드 장군에게 "존경하는 마이드 장군! 이 작전이 성공한다면 그것은 모두 당신의 공로입니다. 그러나 만약 실패한다면 그 책임은 내게 있습니다. 만약 작전에 실패한다면 장군은 링컨 대통령의 명령이었다고 말하십시오. 그리고 이 편지를 모두에게 공개하십시오!"라는 편지를 썼다고 한다. 공은 온전히 부하에게 돌리고 책임은 자신이 지겠다는 리더십이 있었기 때문에, 부하뿐만 아니라 모든 미국인에게 존경받는 인물이 된 것이다. 성공한 사람들을 닮고 싶다면 더 이상 부정적인 감정에 사로잡히지 말자. 그 어떤 상황이라도 일말의 희망은 있다. 주위에서 일어나는 일의 원인을 나에게서 찾아보자. 그리고 단 한 걸음만 변하겠다고 마음먹자. 할 수 있는 것 투성이다.

여섯, 잠자고 있는 천재성 깨우기

성공한 사람들은 모두 천재적인 창의력과 아이디어로 성공을 이뤘다. 천재라고 하면 선천적으로 아이큐가 월등히 높거나, 일반인을 초월한 재능이 있는 사람이 떠오른다. '이것 봐, 역시 성공한 사람들은 다르잖아. 역시 아무나 성공하는 게 아니야'라고 생각하며 좌절감이 들 수도 있다. 그러나 사실 우리는 모두 천재라고 하면 믿을 수 있겠는가? 정말로 우리는 모두 천재로 태어났다. 하지만 살아오면서 비슷한 생각을 하도록 교육받았다. 합리적이고 이성적인 것이 옳은 것처럼 포장된 교육을 받는다. 그렇게 우리의 천재성은 규칙과 규범, 틀 속에 갇혀버렸다. 재단되고, 망치로 두들겨 맞고, 깎였다. 우리는 우리도 모르는 사이에 세뇌당하고 있었다. '안정적인 직업을 가져야지', '돈을 차곡차곡 모아야지', '이렇게 하면 사람들이 안 좋게 보지는 않을까?' 등 스스로를 재단하고 깎아내리는 것은 바로 자신이다.

자연의 모든 것들도 천재로 태어났다. 크기가 2mm 남짓 되는 벼룩은 몸집에 비해 매우 강한 뒷다리를 가져 1m 이상을 가볍게 점프할 수 있다. 사람으로 비유하면 1,665개의 에펠탑 계단을 펄쩍 뛰어서 올라가는 것과 같은 능력이다. 벼룩은 자신을 제한하는 일이 없다. 자신의 천재성을 유감없이 뽐내고 있다. 벼룩뿐만 아니라 2.5cm 도토리에서 60m로 2,400배 자라는 참나무, 감나무, 독수리, 민들레, 말미잘 등 자연의 모든 것들도 각자만의 천재성을 발휘하며 살아간다. 유일하게 인간만이 천재성에서 점점 멀어지고 있다. 당신의 천재성을 그대로 내버려두라. 당신의 천재성은 졸졸 흐르는 물줄기가 아니다. 막을 수 없이 터져 나오는 강물이고, 폭풍이 되어 모든 것을 휩쓸어버릴 수 있다. 생각의 넝쿨이 사방으로 마구 뻗게 내버려 두라. 반드시 스스로를 천재라고 생각하자.

2,400배 자라는 도토리도 책상 위에 내버려 두면 1cm도 더 자라지 않고, 벼룩도 엎어놓은 컵 속에 조금만 놓아두면 컵 높이까지 밖에 뛸 수 없게 된다. '그렇게 살면 안 돼. 왜 굳이 리스크를 지려고 해. 그 아이디어는 틀렸어. 안정적이지 않아. 어차피 해도 안 될 거야'라는 생각에 갇혀 있는가? 벼룩은 컵에 가둬두면 그 높이에 적응해서 자신의 점프력도 거기까지라고 생각하기 때문에 컵을 치워버려도 더 이상 뛰어넘으려고 하지 않는다. 에펠탑까지 뛰어오르던 천재도 스스로 한계를 짓는 순간 컵 높이 이상의 변화도 없는 것이다.

"인간은 오직 사고의 산물일 뿐이다. 생각하는 대로 되는 법이다"라고 마하트마 간디(Mahatma Gandhi)는 말했다. 내가 나를 어떻게 생각하느냐,

한계를 어떻게 규정하느냐에 따라 할 수 있는 능력치가 결정된다. 스스로 할 수 있다고 생각하지 않으면 얻을 수 없고 이뤄낼 수 없다. 능력의 한계는 남이 아니라 내가 결정하기 때문이다. 나는 내가 허락하는 만큼 될 수 있다. 우리 내면에는 무궁한 잠재력이 있고, 우리가 불러주기만을 기다리고 있다. 우리는 위대한 일을 하기 위해서, 많은 사람들에게 도움을 줄 수 있는 일을 하기 위해서 태어났다. 머릿속에서 생각만 하고 흘려보낸 무수히 많은 생각들이 있지 않은가. 그것을 행동으로 옮기는 것이 창의성이 발휘되는 순간이다. 천재성이 발현되는 순간인 것이다. 그것이 돈이 될지는 신경 쓰지 마라. 합리적이고 이성적인지 따지지 마라. 제발 누가 어떻다고 하는 말에 신경 쓰지 마라. 인생이라는 영화의 주인공은 바로 나 자신이다. 스스로를 천재라고 생각하고, 위대한 꿈을 가져라. 당신이 믿으면 꿈이 실현될 것이고, 믿지 않으면 지금의 현실로 되돌아갈 것이다.

자신의 잠재력을 찾아서

우리 안에 있는 잠재력을 찾는 방법 중 쉬운 방법이 반복된 일상에서 벗어나보는 것이다. 보도 섀퍼(Bodo Schafer)의 저서 《이기는 습관》에는 이런 구절이 나온다.

네 안에 어떤 잠재력이 존재하는지 확인하는 유일한 방법은 새로운 세상으로 한 걸음 내딛는 거야. 이미 알고 있는 세상에서는 이미 알고 있는 삶만이 가능할 뿐이지. 새로운 길이 두려운 것은 멀리서 바라만 보고 있기 때문이다. 삶은 멀리서 감상만 하는 풍경이 아니란다. 진정한 삶은 풍경 안으로 한 걸음 들어가는 도전이란다.

우리의 뇌는 익숙한 것을 좋아한다. 살아왔던 대로 살고 싶어한다. 그래야 에너지 소모가 적고, 위험을 감수하지 않아 생존에 유리하기 때문이다. 하지만 똑같은 일상의 반복 속에서 잠재력은 영원히 발휘되지 못할 수도 있다. 축구에 재능이 있어도 평생 공을 차볼 기회가 없다면 그 사람의 잠재력은 영영 빛을 볼 수 없듯이 말이다.

도전적으로 여행을 떠나자

일상을 완전히 벗어나면서도 짧은 기간에 새로운 도전을 해보고 싶다면 도전적인 여행을 떠나보자. 여행은 일상을 완전히 벗어나는 일이다. 지금까지 전혀 보이지 않았던 풍경들이 보이고, 맡지 못했던 냄새를 맡고, 맛보지 못했던 음식을 맛볼 수 있고, 생각하지 못했던 것을 생각할 수 있다. 여행을 통해 오감을 깨우는 것이다. 또한, 다양한 도전에 직면하게 되어 새로운 상황에 적응하고 문제 해결 능력을 향상시키는 데 도움이 된다. 그리고 새로운 지식과 기술을 습득하는 기회가 된다. 더 넓은 시야로 문제를 바라볼 수 있는 깊이를 갖게 될 것이다. 당장 내일이라도 책 한 권을 집어들고 떠나자. 내가 모르는 미지의 곳으로!

문득 이런 생각을 하곤 한다.
'이걸 좀 더 일찍 알았으면 어땠을까?'
그렇지만 후회는 없다. 지금이라도 안 게 어디야.
그래도 스무 살의 나를 만난다면 꼭 당부하고 싶다.

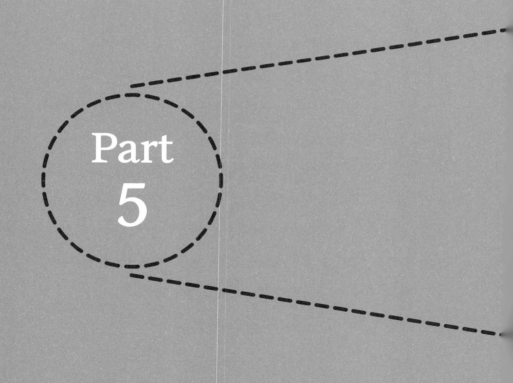

Part
5

20대의 나에게
이야기하고 싶은 청년다움

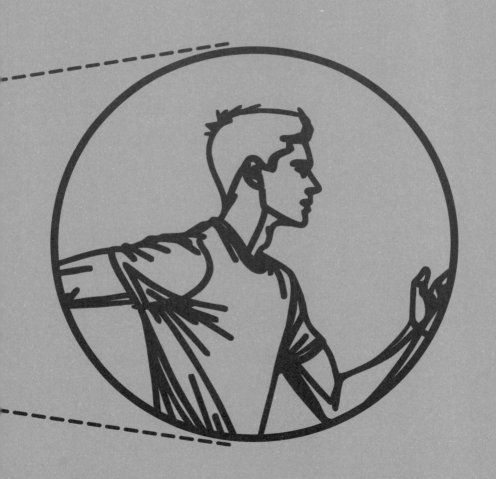

본능을 거스르는 성장 마인드가 필요해

우리 몸에는 전혀 사용하지 않는 기관들이 많이 남아 있다. 필요 없는 사랑니가 나고, 햇볕에 타는 피부를 갖고 있고, 네발짐승일 때나 필요했던 휘어 있는 척추도 그대로 남아 있어 요통에 시달리기도 한다. 이렇게 쓸모없이 우리 몸에 그대로 남아 있는 것이나, 현재는 생존에 전혀 도움이 되지 않는 본능으로 우리는 비합리적인 행동을 하게 되는데 이를 '클루지(Kluge)'라고 한다.

개리 마커스(Gary Marcus)의 책 《클루지》에서 클루지는 어떤 문제에 대해 완벽하지 않은 엉성한 형태의 해결책으로 소개된다. 과거의 인간에게 유리했던 행동들이 우리의 DNA에 남아 현재는 합리적인 해결책이 아닌 엉성한 해결책으로 남게 된 것이다. 예를 들어 달고 짠 것을 보면 먹고 싶다는 본능이다. 선사시대에는 사냥에 실패할 수도 있고, 언제 음식을 섭취할 수 있을지 몰랐기 때문에 생존에 필요한 영양원이 보이면 무조건 섭취해야 했다. 현재는 이런 본능이 오히려 건강을 악화시킨다.

또한 위험에 대해 과잉 반응하는 것도 본능으로 남아 있다. 과거에는 처음 보는 독버섯을 먹고 죽거나, 비 오는 밤 동굴에서 나갔다가 죽는 경우가 있었기 때문에 현재 우리는 새로운 일이나 리스크를 감당하는 것을 싫어한다. 비가 오는 날에는 집 안에 있고 싶고, 새로운 것을 경계하고, 도전을 피하고 싶은 것이다. 우리가 합리적으로 판단하고 행동한다고 생각하지만, 현실은 우리의 마음과 사고방식의 많은 부분이 과거의 진화적 유산에서 온 것이다. 그래서 조상들의 환경에는 없었던 존재나 상황들을 이해하고 처리하는 데 어려움을 겪는다. 예를 들어 선사시대에는 없었던 나트륨 조명 아래서 물체의 색을 정확하게 구분하지 못한다거나, 내 상황과 전혀 관련이 없는 드라마의 상황에 이입해 눈물을 흘리기도 하고 분개하기도 한다. 누군가에게 배척당할 때도 생존과는 무관한 일임에도 기분이 상하는 것은 사실 이상한 일이다.

우리의 클루지

불나방은 불만 보면 뛰어든다. 가로등처럼 밝은 빛이 없었던 과거에 나방은 어둠 속에서 달빛만 감지해 야행성으로 이동하는 것이 생존 전략이었다. 그러나 현대사회에서 나방은 가로등과 같은 인간이 만든 빛을 달빛으로 오인한다. 한여름 밤, 가로등 아래를 보면 나방이 타 죽어 있는 경우를 많이 볼 수 있다. 현재까지 남아 있는 클루지가 단순히 쓸모없다는 차원을 넘어 나방처럼 오히려 나를 죽일 수도 있는 것이다.

그렇다면 청년기를 지나고 있는 우리에게는 어떤 클루지가 있는지 생각해볼 필요가 있다. 책을 읽으며 생각한 나의 클루지는 '현재에 안주하고 생각한 것을 실행하지 않고 도전하지 않는다는 것'이었다. 과거에는 위험을 무릅쓰고 한 행위의 대가로 목숨을 바쳐야 하는 경우가 많았다. 곰이나 코끼리를 마주했을 때 혼자의 힘으로 당해낼 수 없었기 때문에 무리 생활을 하는 것이 생존에 유리했다. 조직을 위해 곰에게 가장 먼저 달려드는 사람은 가장 먼저 죽었을 것이기 때문이다.

현재의 나는 먼저 나서지 않고, 주변 사람의 평판을 중시했던 겁쟁이의 후예였기 때문에 도전하고 싶지 않은 본능이 남아 있던 것이다. 현재는 곰과 마주할 일이 없을뿐더러, 오히려 위험을 감수하고 먼저 행동하는 것이 유리하며 성공할 가능성이 높다. 아무것도 하지 않고 사람들 뒤에만 있으면 세상을 돌아가게 하는 톱니바퀴 그 이상은 절대 될 수 없다.

'그래, 아무리 큰 위험을 무릅써도 안 죽어. 생각나면 해보자. 무엇이 되었든 생각나면 해보자'는 생각의 전환을 하게 되었다. 이전에는 '어차피 해도 안 될 거야. 이걸 한다고 나한테 아무런 도움도 안 돼'라고 필사적으로 새로운 일을 거부했다. 결국 하지 않으니 아무 일도 일어나지 않았고, 아무런 변화를 얻지 못했던 것이다.

도전하지 않는 본능을 극복하기 위해 SNS 계정에 자기계발을 인증해보자는 아이디어를 떠올렸다. 당시는 독서 기록만 SNS에 올리고 있었다. 불특정 다수에게 공개되는 것이니 좀 더 읽기 쉽게, 보기 편하게 쓰려고 노력하고, 꾸준히 게시글을 올려야 할 것 같은 마음이 들어 지속하는 데 도움이 되었다. 다른 습관도 이렇게 공개된 공간에 인증하듯이 올리면 이어갈 수 있겠다는 생각이 든 것이다.

'에이 무슨 계정을 또 만들어. 그냥 하던 대로 해'라는 생각만 몇 달을 하고 반년이 지나서야 운동 계정을 새롭게 만들었다. 1년 이상 꾸준하게 운동을 지속하는 데 엄청난 도움이 되었고, 고민만 했던 반년이 아쉽게 느껴졌다. 그 이후로는 생각나면 바로 실행했다. 확언 계정과 일본어를 알려주는 계정, 독서한 내용을 매일 영상으로 남기는 계정, 심지어는 노래를 불러 올리는 계정도 만들었다. 생각날 때마다 하나씩 만들고 게시물을 올리다 보니 10개가 넘게 되었다. 하지 않을 이유보다 해야 할 이유를 찾았다. 지금 이런 것들이 쓸모없어 보일 수 있지만 생각을 실행으로 옮기는 클루지 극복의 과정이며 언젠가 기회를 만났을 때 겁 없이 도전하는 내가 될 수 있을 것이라고 믿는다.

앞에서 소개했던, 내가 다니던 회사의 사장님을 만난 에피소드에서도 사장님께 메일을 보낼 때 엄청나게 고민했다. 혹여나 사장님의 심기를 건드려 꾸지람을 듣지 않을까 걱정되었다. 그때 마음속으로 외쳤다. '이건 클루지야!' 사장님께 메일을 보냈을 때 가장 좋은 상황과 가장 나쁜 상황을 머릿속으로 그렸다. 가장 좋은 상황은 사장님과 메일로 또는 직접 뵙고 인터뷰하는 것이었다. 조금이라도 삶의 지혜와 통찰력을 배우고 내 것으로 만들어 20년 걸려서 깨달을 것을 15년 만에 깨달을 수 있다면 어마어마한 성과다. 돈으로 따지면 최저 시급으로 쳐도 최소 1억 원 이상의 가치가 있다. 반면 최악의 상황은 사장님이 나를 무례한 사원으로 취급해 모든 직원들의 손가락질을 받다가 퇴사하는 상황이다. 이것보다 나쁜 상황은 없다.

그런데 퇴사를 하는 건 오히려 기회일 수 있다. 경력을 살려 더 좋은 회사로 이직을 해도 되고, 꿈꾸던 것을 스스로 해볼 수도 있다. 최상의 상황과 최악의 상황을 놓고 보니 메일을 보내지 않을 이유가 없었고 용기를 내 메일을 보낼 수 있었다. 결국 사장님과 직접 만나 인터뷰하며 궁금했던 것들을 물어봤고, 사장님도 성심성의껏 답변해주셨다. 내 본능에 따라 메일을 보내는 것을 두려워하고 아무것도 하지 않았다면 아무 일도 일어나지 않았을 것이다. 하지만 본능을 거스르고 용기를 내면 뭐라도 하게 되고 무슨 일이라도 생긴다는 것을 알게 되었다.

《클루지》를 읽으면서 나태하고 도전하지 않는 건 내 잘못이 아니라 인간이 원래 그런 존재라는 것을 알게 되었다. 불완전하고 나약한 게 본성이라는 것을 인정하고 나니 조금이라도 달라져야겠다는 용기가 생겼고, 실행하고 있다. 어느 날, 모든 것을 포기하고 싶어질 때도 가끔 온다. 독서를 하기로 했는데 책을 읽기가 싫어지고, 운동을 하려고 했는데 운동을 하기 싫어질 때가 온다. 이런 일이 생겼을 때, 그때야말로 앞으로 나아갈 때다. 바로 그 순간이 성장하는 순간이다. 그러니 하기 싫을 때 스스로에게 이렇게 말하자.

"이런 순간이 오다니, 너무 좋다. 지금이 내가 성장하는 순간이야!"

본능대로 살지 말고 본능을 거슬러 살기를 바란다. 좋은 습관을 하나, 둘 채워간다면 풍요로운 삶을 누릴 수 있을 것이다. 앞으로 우리 삶에는 변화할 일밖에 없다.

반드시 '말하는 대로' 이루어진다

학창 시절 〈무한도전〉이라는 예능 프로그램을 좋아했다. 평균 이하를 자처하는 남자들이 멋지게 도전하는 모습과 짜여지지 않은 상황에서 주는 웃음은 힘든 어린 시절의 현실을 잠시나마 잊을 수 있는 유일한 시간이었다. 2011년, 가요제 특집에서 유재석 씨와 이적 씨가 팀이 되어 만든 노래의 제목은 《말하는 대로》다.

말하는 대로 될 수 있단 걸 눈으로 본 순간 믿어보기로 했지. 마음먹은 대로 생각한 대로 할 수 있단 걸 알게 된 순간 고갤 끄덕였지.

당시에는 가사의 의미에 대해 깊게 생각해보지 않았다. 말하는 대로 될 수 있다는 의미에 대해 누가 물어봤다면 "가사일 뿐이지 말도 안 되는 소리야. 말하는 대로 다 되면 신이지 사람인가?"라며 부정적으로 대답했을 것이다. 단순히 위로하기 위한 가사일 뿐이라고. 그러나 지금 이 노래를 다시 들어보니 단순히 누군가를 위로하기 위해서가 아니라 '사실적인' 이야기라고 느껴진다.

성경의 〈요한복음〉에서 "태초에 말씀이 계시니라 이 말씀이 곧 하나님이시라"는 구절이 있다. 부처님도 "현재의 나는 내 생각의 소산이다"라고 말했다. 시대를 초월해 두 지도자도 생각과 말을 실체화했다. 생각과 말은 머릿속에만 있는 것이 아니라 물리적 힘으로 발현된다. 발로 축구공을 뻥 차면 날아간다. 공에 물리적인 외부의 힘이 가해졌기 때문이다. 우리의 말도 이와 같이 물리적인 힘(Force)을 가진다는 것이다.

소리를 언어의 형태로 누군가에게 전달하거나 내 귀에 내 말이 들릴 때 말에는 힘이 생긴다. "짜증 나. 되는 일이 없어. 맨날 이 모양이야"와 같은 말을 내뱉으면 그 말이 청각기관을 거쳐 뇌에 입력된다. 그래서 뇌는 이렇게 생각한다. '아, 내가 지금 웃을 때가 아니구나. 짜증을 낼 때구나. 되는 일이 없을 때구나. 짜증 호르몬 발사!' 그리고 뇌는 우리에게 스트레스를 받는 호르몬을 분비한다. 그 호르몬이 우리를 긴장시키게 만들고 짜증 나는 상태로 만들어버린다. '말이 씨가 된다'는 옛 속담이 딱 맞는 것이다. 감사하다고 습관적으로 내뱉게 되면 감사할 일이 생긴다. 운이 좋다고 습관적으로 내뱉게 되면 운이 좋은 일이 생긴다. 행복하다고 습관적으로 내뱉게 되면 행복할 일이 생긴다.

저 아파트 살 거예요

직장을 다니며 원룸에서 자취할 때다. 친구들이나 직장 선배들은 조금 더 넓은 투룸이나, 아파트 전세를 권했다. 월세나 전세로 더 큰 집에 가고 싶지는 않았다. 이사를 한다면 매매로 들어가고 싶었다. 그때부터 동료들에게 틈만 나면 아파트를 사겠다고 말했다.

"저 아파트 살 거예요. 진짜요!"

결혼을 한 것도 아니고, 돈이 있는 것도 아니고, 2023년 초 당시 부동산 경기도 어렵고, 원룸도 충분하다고 말하던 내가 아파트를 사겠다고 하니 주변 사람들은 이상한 눈초리로 쳐다봤다. 그런데 나에게 딱 맞는 아파트를 살 수 있을 것만 같은 마음이 들었다. 부동산 중개업소 이곳저곳을 돌아다녔다. 직장을 다니고 4년간 여기저기 흩어져 있던 돈을 끌어모았다. 마음에 쏙 드는 아파트를 발견했는데 신축이라 시세가 없어 대출이 나오지 않았다.

'아, 여기 정말 괜찮다. 역에서 제일 가깝고, 신축에다가 24평 소형 평수라 이 근처에서는 희소성도 있어. 가격대도 조금만 더 떨어지면 너무 괜찮을 것 같은데 대출이 안 나오네.'

그 아파트 외에 내가 원하는 평택 신도시 지역은 다 34평대여서 너무 비쌌다. 이후 아파트는 마음을 잠시 접고, 경매로 빌라 낙찰을 노리기로 했다. 그렇게 두 달 정도 경매 공부를 했다. 아파트 시세도 같이 보고 있었는데 이전에 봤던 소형 평수의 아파트 시세가 뜬 것이다! 바로 부동산 중개업소로 달려가 급매로 나온 매물을 봤다. 가격과 동의 위치, 층수가 마음에 들었다. 부동산 지식이 많이 없었는데도 머릿속에 원하는 확실한 가격대가 있었다. 난생처음 부동산 중개업소에 찾아가 계약을 하려고 하는데도 크게 떨리지 않았다. 결국 평택 신도시에 있는 아파트 매매계약을 하게 되었다. 잔금일까지 5개월이 남아 있어서 부족한 금액을 악착같이 모았고, 동료들에게 말한 대로 아파트를 사서 이사하게 되었다. 동료들은 많이 놀랐지만 나는 그 이유를 알고 있다. 내가 그렇게 하겠다고 말했기 때문에 이루어진 것이다.

과거 완료형 문장으로 말하기

고명환 작가님은 자신의 목표를 미래형이 아닌 과거 완료형으로 적고 말하라고 한다.

'올해 5kg 빼겠다', '영어공부를 하겠다'가 아닌 '이미 5kg을 뺐다', '미국인 친구와 영어로 대화했다'라는 식으로 목표를 과거 완료형으로 말하고 나면 뇌는 우리의 몸 전체를 스캔해본다. 우리가 말한 대로 되어 있지 않기 때문에 목표를 이루도록 무의식에게 끊임없이 일을 시키는 것이다. 나는 이 원리를 러닝할 때 적용한다. 아침에 숨 가쁘게 달리다가 더 이상 못 가겠다는 생각이 들 때가 있다. 그때 나는 생각한다. '이미 도착했다.' 그리고 호흡과 함께 말로 내뱉는다.

"도착했다. 끝났다. 샤워했다."

이렇게 호흡하면서 도착 지점을 선명하게 그리면 다리에 자석이 붙은 듯 저절로 움직여지는 느낌이 들고 끝까지 뛰어서 갈 수 있게 된다. 현재 단기적인 목표가 있다면, 혹은 장기적인 목표가 있다면 '과거 완료형 문장'으로 만들어 외쳐보자. 생각을 하고, 말로 하니 진짜로 이뤄진 사례가 나에게도 있지 않은가. 성공도 하지 않은 나도 됐기에 정말 누구나 할 수 있다고 믿는다. 말한 대로 이루어진 너무나 많은 사례들을 정리하다가 몽땅 지웠다. 어차피 믿지 않는 사람은 수천 건의 사례를 들이밀어도 눈을 감고 귀를 막을 것이다. 나도 그랬으니까. 그런데 생각하고, 적고, 말하는 일에 어떤 리스크가 있는가? 없다. 돈이 드는가? 아니다. 목표를 적고 입으로 외치는 것을 꼭 한번 해보기를 바란다. 오늘부터, 아니 당장 지금부터 말을 조심하라. 말하는 그대로 될 것이기 때문이다.

반복과 꾸준함이 모든 것을 이긴다

피아니스트 조성진의 손끝이 건반 위에서 떨어지자 사람들은 기립박수를 쳤다. 2015년, 세계 최고 권위의 쇼팽 국제 콩쿠르에서 그는 한국인 최초로 우승을 거머쥐게 된다. 이후 기사들이 쏟아졌다. '한국인의 자랑, 천재 피아니스트 조성진', '쇼팽 천재 조성진, 그에게 묻다' 등, 우리는 조성진을 천재로 부른다. 그러나 조성진의 스승 박숙련 교수는 "그는 피아노 앞에서 손가락으로만 치는 것이 아니라 곡 하나를 두고 관련 책을 수십 권 찾아 읽고, 음반도 100번씩 돌려 듣고, 미술관, 박물관에도 찾아다니며 공부를 많이 하는 아이였다"고 말했다. 우리가 상상하기 어려울 만큼의 노력과 연습으로 실력을 쌓은 것이다. 그러나 우리는 조성진을 '천재'로 부르며 보통 사람과 구분 짓고 싶어 한다. 왜냐하면 나와는 다른 위대한 존재로 생각해버리면 우리의 부족함을 느끼지 않아도 되기 때문이다.

아무리 노력해도 성공하기 어렵다는 말을 종종 듣는다. 온라인상에서는 '헬조선', '노오력', '노력충' 등 시대를 폄하하는 단어가 심심찮게 눈에 띈다. '왜, 열심히 해? 열심히 해봤자 이 사회에서 성공하는 건 불가능해. 노력해봤자 헛수고야'와 같은 분위기가 팽배해진 현실이 조금은 안타깝다. 그러나 분명한 것은 꾸준함을 이어 나가면 반드시 임계점을 돌파할 수 있고 결과를 얻을 수 있다는 것이다.

손흥민 선수 같은 스포츠 스타들도 천재라기보다는 끈기의 대가들이다. 손흥민 선수가 아시아 선수 최초로 득점왕을 하게 된 일은 모두가 기억하지만, 그가 초등학생 때부터 리프팅 연습만 3만 개씩 하며 철저하게 기본기를 다졌던 과거는 잘 모른다. 열여덟 살 때까지 슈팅 연습도 하지 못한 그를 천재라고 할 수 있을까?

오른손 투수 출신에서 왼손잡이 테니스 선수로

많은 야구팬이 기억하는 김명제 선수는 두산에서 투수로 활약한 프로 야구 선수 출신이다. 2005년 두산의 1차 지명을 받은 기대주였고, 2009년까지 통산 22승을 거뒀다. 한국시리즈에서 선발로 나온 적도 있는 유망한 선수였다. 그러나 그는 2009년 겨울, 사고로 경추를 크게 다쳐 야구 선수 생활에 마침표를 찍게 된다. 휠체어를 타게 된 그는 4년 정도 많은 방황과 좌절을 했다. 하지만 그는 인생이 끝이라고 생각하지 않았다. 재활센터에서 만난 친구의 소개로 2013년 휠체어테니스를 시작했다. 서브를 할 때 공을 위로 던지는 것조차 어려웠지만 그는 두 바퀴 위에서 연습에 연습을 거듭했다. 그리고 5년 만인 2018년 카타르-팔렘방 장애인 아시안게임에 출전해 쿼드 복식에서 김규성 선수와 함께 은메달을 거머쥐었다.

여기까지만 해도 엄청난 업적을 이룬 것이지만 그의 도전은 여기서 끝나지 않았다. 사고로 다친 오른손이 점점 마르고 힘이 없어져, 그는 손가락을 라켓에 묶고 경기를 뛰었다. 하지만 경기 내내 피가 통하지 않아 힘들었던 그는 왼손잡이로 전향하기로 결정했다. 그는 다시 처음으로 돌아가 왼손으로 훈련을 시작했다. 그에게 연습과 반복은 더 이상 어려운 것이 아니었다. 이미 해낸 경험이 있기 때문이다. 왼손으로 전향한 그는 현재 국내 쿼드 랭킹 1위다.

우리가 김명제 선수보다 더 불리한 조건일까? 운동선수가 다리를 잃으면 끝이다. 그럼에도 휠체어를 타고 다른 종목을 도전한 것도 모자라 오른손잡이에서 왼손잡이로 전향하면서 '미친 듯이' 훈련을 반복했다. 나는 오늘도 하기 싫은 일을 생각할 때 김명제 선수를 떠올리며 몸을 일으킨다.

큰마음을 먹지 마라

무언가 내 몸에 익숙하게 하고 습관으로 만들려면 반드시 '반복'이 필요하다. 분야와 관계없다. 운동 습관, 공부 습관, 기상 습관, 말 습관, 시간 관리 습관, 경제 습관, 수면 습관, 식습관, 독서 습관 등 셀 수 없는 습관들이 우리의 삶을 지배하고 있다. "습관을 바꾸는 자가 운명을 바꾼다"라는 말에 동의하게 된다. 알면서도 왜 반복하는 것은 어려울까?

우리는 대개 새로운 것을 시작할 때 '큰마음을 먹고' 시작한다. '오늘부터 제대로 다이어트 할 거야'라고 마음먹고 헬스장에 간 첫날, 온 힘을 다해 역기를 들고 러닝머신을 뛴 사람은 다음 날 몸살이 나서 헬스장 가는 것을 포기한다. 큰마음을 먹은 만큼 큰 행동을 하고, 제대로 하지 않으면 안될 것 같은 마음에 무리하게 된다. 그래서 반복이 어려워진다. 운동을 예로 들었지만, 운동뿐만 아니라 독서나 기상 시간 등에서도 무리한 행동은 무리한 결과를 낳기 쉽다. 처음에는 실현 가능한 정도의 목표를 설정하고, 그 작은 목표를 먼저 달성함으로써 성취감을 느껴야 한다. 작은 목표를 이룬 성취감을 토대로 새로운 목표를 설정하고, 달성하고, 성취를 맛보는 선순환을 만들어내자. 큰마음을 먹지 말고 작은 마음을 먹고 작게 행동해보자.

어머니의 꾸준함

어머니는 오카리나를 약 20년 가까이 해오고 계신다. 놀라운 사실은 어머니는 음악에 재능이 없다는 것이다. 아버지는 학창 시절 클라리넷 콩쿠르에서 입상을 했을 정도로 음악적 재능이 있으시고 지금도 수준급의 연주를 하신다. 아버지가 보시기에는 어머니가 답답하다.

"여보, 8분음표만 나오면 왜 이렇게 어지러워해. 발가락으로 하나, 둘, 셋, 넷 대놓고 세어봐. 롱 톤 연습을 하라니까 왜 〈타이타닉〉 주제가를 하고 있어. 기본기가 되면 당신이 원하는 모든 곡을 다 할 수 있다니까, 참. 이래서 언제 실력이 늘겠어."

어머니는 대답했다.

"아이 참, 나는 그냥 이렇게 할래. 오래 걸려도 이렇게 하면 한 곡 뗄 수 있어! 내 방식이야!"

어머니는 한 곡, 한 곡을 아버지가 입으로 불러주는 멜로디를 녹음하고 듣는 것을 무한반복하면서 연습하셨다. 그 연습을 지금까지 하고 계신다. 한 곡을 연주하는 데 거의 한 달 가까이 걸린다. 보는 사람이 답답해 죽을 지경이다. 그런데 어머니는 남들이 뭐라고 하던 10분, 20분 시간을 내서 계속했다. 그런데 그렇게 한두 달이 지나고, 연주할 수 있는 곡들이 조금씩 생기는 것이다. 한 달에 한 곡만 하더라도 20년이면 240곡이 된다. 현재 악보 파일만 20권 이상을 갖고 계시고, 지금은 오카리나와 에어로폰으로 봉사활동도 하고, 신나게 행사도 다니신다. 지금도 어머니는 새로운 곡을 연습할 때면 아버지께 묻고 또 물어 결국 완곡을 해낸다. 재능이 없어도 저렇게 꾸준히 하면 결국 어떻게든 된다는 사실과 꾸준함이 답이라는 것을 어머니를 보며 배운다.

추석 명절, 오랜만에 고향에 내려가 어머니를 만났다. 서로의 근황을 이야기하다 깜짝 놀랐다. 어머니는 요즘 오카리나뿐만 아니라 에어로폰 수업, 팬플루트 수업, 오카리나 봉사활동, 요가에 관현악단까지 한다고 하셨다. 어떻게 그 스케줄을 다 소화하시나 싶었다.

"나랑 오카리나를 같이 시작한 사람들도 지금은 모두 그만둬버렸어.

나보다 잘하는 사람도 다들 그만두더라? 오카리나를 해보니, 못하더라도 꾸준히 하면 어떤 것이라도 할 수 있겠더라고. 늦기 전에 하나라도 더 배우고 싶어서 이것저것 하다 보니 지금처럼 할 수 있게 됐어. 그리고 이렇게 할 수 있다는 것이 얼마나 감사한지 몰라. 예전에는 천 원이 아쉬워서 영재 기저귀 하나 사는 것도 벌벌 떨던 내가 너무 싫었거든. 지금은 문화센터에서 몇 만 원 내고 듣는 수업을 아무렇지 않게 들을 수 있잖아. 얼마나 감사한 일이야. 얼른 잘하고 싶다는 마음은 크게 없어. 배우는 것 자체가 재미있거든. 그렇게 즐거운 마음으로 꾸준하게 하면 잘하는 방향으로 가게 되겠지 뭐. 연습해서 마이너스만 안 되면 되잖아. 호호호.”

50대 중반이 넘어서도 끊임없이 배우고 성장하며 바쁘게 살고 계신 어머니를 보니 존경스러웠다. 우리 어머니도 저렇게 하는데 내가 가만히 있으면 안 되지 않겠는가. 최소한 어머니 나이까지는 꾸준히 해야겠다는 생각이 들었다.

타인에게 베풀수록 더 받는다

우리는 학교와 직장을 거치며 남보다 나를 먼저 생각해야 한다고 배워왔다. 학창 시절, 내가 4등에서 3등으로 올라간다면 누군가는 3등에서 4등으로 떨어진다. 직장에서도 동료들보다 좋은 고과를 받아야 승진을 할 수 있다. 내가 승진하면 누군가는 승진하지 못한다. 경쟁사회에 적응해버린 우리는 타인보다 나의 득을 챙기는 것이 당연한 것으로 생각하고 있다. 그럼 반대로 남을 먼저 생각하고 자신을 희생하며 영업 비밀을 오픈하는 사람, 착하고 베푸는 사람은 흔히 말하는 '호구'가 되는 것일까? 그렇지 않다. 와튼스쿨 조직심리학 교수인 애덤 그랜트(Adam Grant)의 저서 《기브 앤 테이크》는 '주는 사람이 성공한다'는 한마디로 정리할 수 있다. 어떻게 주는데 망하지 않고 성공한다는 걸까?

책에서는 사람을 기버(Giver), 매처(Matcher), 테이커(Taker)의 세 부류로 나눈다. 기버는 받는 것보다 주는 것을 더 좋아하는 사람으로, 자신의 능력, 지식, 아이디어, 노력, 시간, 관계 등을 동원해 누군가를 돕고자 하는 사람이다. 매처는 받은 만큼만 주는 사람으로 이익과 손해 사이에서 자신의 이익을 보호하는 사람이다. 테이커는 준 것보다 더 많이 받기를 원하는 사람으로 자신의 이익을 최우선적으로 생각하는 사람이다. 남의 공도 자신의 것으로 빼앗아버린다. 단기적으로는 자신에게 득이 되니 좋을지 모르겠지만 장기적으로 좋은 평판을 듣지 못한다. 여러 통계를 분석한 결과, 기버는 테이커나 매처보다 수입이 14% 적고, 사기 당할 확률이 2배 높았으며, 실제 자신의 실력보다 22% 낮게 평가받고 있었다. 그런데 놀라운 것은 성공하는 사람들 또한 기버였다. 성공하는 기버는 테이커와 매처보다 평균 50% 더 높은 실적을 올렸고, 성공한 리더들도 대부분 기버인 것으로 나타났다.

'성공 사다리'의 최하단과 최상부층에는
남들에게 잘 베푸는 기버가 위치하고 있다.

가장 실패한 사람과 가장 성공한 사람 모두 기버라니 이상한 일이다. 왜 그럴까? 가장 큰 차이는 일방적인 손해를 보면서까지 호의를 베풀지는 않는다는 것이다. 성공한 기버들은 받으려고만 하는 사람, 이용하려는 사람, 빼앗으려고만 사람에게는 철저히 베풀지 않는 모습을 보였다. 언제 도울지, 어떻게 도울지, 누구를 도울지 나름의 원칙을 갖고 베푸는 것이 중요한 것이다. 그들은 기버들만의 진정한 네트워크를 형성시켰고, 이런 긍정적 관계가 성공의 발판이 될 것이라는 것을 알고 적극적으로 베풀고, 또 도움을 받으며 성공에 다가갈 수 있었다.

황금률 – 대접받고 싶은 대로 대접하라

주후 3세기, 황제 알렉산더 세베루스(Alexander Severus)가 로마 제국을 통치하던 시절의 백성들은 매우 행복했다. 그에게는 성경 마태복음 7장 12절인 "남에게 대접을 받고자 하는 대로 너희도 남을 대접하라"는 구절을 인생의 좌우명으로 삼아 황금으로 써서 벽에 붙여놓고, 국가의 공공 건물에도 새기도록 명령했다. 이후로 '대접받고자 하는 대로 대접하라'는 격언은 인간 관계의 황금률(Golden Rule)로 불리게 되었다.

사랑받기를 원한다면, 먼저 사랑해야 한다.
용서받기를 원한다면, 먼저 용서해야 한다.
도움받기를 원한다면, 먼저 도와줘야 한다.
이해받기를 원한다면, 먼저 이해해야 한다.

칭찬받기를 원한다면, 먼저 칭찬해야 한다.

존경받기를 원한다면, 먼저 존경해야 한다.

대접받기를 원한다면, 먼저 대접해야 한다.

황금률은 단순해 보이지만 실천하고자 하면 엄청난 요구에 직면하게 된다. 나를 내려놓는 것이 대단히 어려운 일이고, 베풀었는데도 예상치 못한 반응이 오면 오히려 상처를 받을 수도 있다. 성공학의 아버지 나폴레온 힐(Napoleon Hill)도 관계에서 상처를 받을 때가 있었지만, 그럼에도 불구하고 황금률을 따르라고 말한다. 가장 큰 이유는 우리가 타인에게 어떤 행동을 하든 우리는 우리 자신에게도 동일하게 적용하기 때문이다. 나폴레온 힐의 저서 《성공의 법칙》에는 이런 글이 있다.

당신이 하는 모든 생각이나 행동들이 그 본질에 따라 당신의 품성을 변화시켜나간다는 것. 그리고 당신의 품성은 당신과 잘 어울리는 사람들과 분위기를 당신에게 끌어다주는 일종의 자력을 갖게 마련이다. 이 간단한 원리를 알고 있다면 왜 증오하거나 질투해서는 안 되는지 알게 될 것이다. 또한 왜 당신에게 불공평하게 대하는 사람에게 똑같이 대하면 안 되는지도 알게 될 것이다. 마찬가지로 악을 선으로 갚아라는 말의 뜻을 이해하게 될 것이다.

다시 말해 타인을 위한 선행과 생각이 나의 내면과 잠재의식에 긍정의 에너지로 쌓이게 된다. 그런 에너지가 자석처럼 다른 사람을 끌어당기게 된다. 그리고 그들이 내가 베풀었던 선을 나에게 베풀고 자연스럽게 성공의 길을 걷게 되는 것이다.

권 부장님의 베품

얼마 전, 회사에서 워크숍을 가게 되었다. 사무실에 먼저 모여 담소를 나누던 중 권 부장님이 사무실 뒤편에서 종이가방을 두 손 가득 들고 들어오시며 말씀하셨다.

"자, 선물 하나씩 가져가세요. 기분 좋게 출발합시다."

직원들의 환호성이 터져 나왔다.

"와, 권부장님! 이게 뭐예요? 감사합니다!"

권부장님이 워크숍을 떠나기 전 모든 직원에게 깜짝 선물을 한 것이다. 100만 원은 족히 넘어 보이는 명품들이었다. 직원 한 분, 한 분을 고려해 옷이며 향수며 화장품이며 각자에게 맞게 세심하게 준비한 것이다. 받은 직원들도 기분이 좋지만, 선물을 준비하신 권 부장님은 더 행복하다고 하셨다. 선물을 받은 직원들과 포옹을 하고 사진을 찍으며 마치 축제에 온 듯한 분위기였다. 생일도 아니고, 결혼식도 아니고 워크숍을 가는데 이런 통 큰 선물을 하시다니! 아무리 돈을 많이 벌더라도 커피값을 아까워하는 사람들이 있다. 직원들을 위하는 상냥한 마음을 가진 권 부장님은 어떤 일을 하더라도 성공하겠다는 생각이 들었다. 매년 어려운 아이들을 돕기 위해 기부를 하시고, 연간 두 배씩 기부금을 늘려나가고 있다고 하신다. 권 부장님이 만든 법인의 이름도 '베품'이다. 대표님도 권 부장님에게 한마디하셨다.

"권 부장! 정말 고마워. 정말 감동이야! 지금 받은 것의 100배로 갚아 줄게."

많은 성공자들이 기버 성향을 갖고 있다. 대표님도 어려움에 처해 있는 사람들을 외면하지 않고 도움을 주신다. 희망을 잃어버린 사람들에게 꿈을 심어주고, 성공을 갈망하는 사람들에게 길을 제시해주신다. 그들이 성공하는 모습을 보면서 기쁨을 느낀다. 주는 마음을 가진 분들과 함께할 수 있어서 너무나 감사했고, 나도 주는 사람이 되어야겠다고 다짐했다.

무의식에 원하는 미래를 심자

우리 뇌에서 의식으로 하는 것은 10%도 채 되지 않는다. 반면 잠재의식은 전체 뇌 기능 중 90% 이상을 차지한다. 다시 말하면 인간이 보내는 하루의 대부분의 시간은 의식이 아닌 무의식에 의해 처리된다. 아침에 어떤 옷을 입을지, 등교길에 어떤 음악을 들으면서 갈지, 어떤 길로 갈지, 직장에서 일은 어떻게 할지, 좋아하는 운동과 습관적으로 하는 행동 모두가 무의식의 작용인 것이다. 심리학자 프로이트(Sigmund Freud)는 의식과 무의식을 빙하로 설명했다. 의식은 드러난 빙산의 일각이고, 무의식은 드러나지 않은 거대한 빙산이라고 비유했다. 마음을 변화시키기 위해서는 아직 드러나지 않은 거대한 빙산을 변화시켜야 한다.

미 해군 조종사 잭 샌드 대령은 베트남 전쟁 당시 총상을 입고 포로수용소에서 7년 동안 1.5m²의 감옥에 격리된 채 사람들과 전혀 접촉하지 못한 채 생활했다. 그는 머릿속에 철저히 완벽한 골프 코스를 그리기 시작했다. 경관과 냄새와 스윙할 때의 느낌까지 상세하게 이미지를 머릿속으로 그렸다. 어두운 바닥에 누워 잔디와 나무, 골프장의 바람, 소리, 공이 맞는 순간의 짜릿함까지 그렸고, 이미지로 골프를 치기 시작했다. 그는 그렇게 7년 동안 매일 상상 속에서 골프장에 나가 18홀을 돌았다. 마침내 포로수용소에서 석방되어 집으로 돌아왔을 때, 8년 만에 친 첫 라운드에서 74타를 기록했다. 해군 조종사가 되기 전에 그는 가끔 골프장에 나가 평균 100타 정도만 치는 평범한 골프 애호가였다. 7년간 신체적인 활동을 전혀 할 수 없는 감금 상태로 지냈지만, 상상 속 연습만으로 무려 20타를 줄인 것이다.

무의식에 원하는 목표 심기 – 종이에 쓰고 읽기

그럼 어떻게 상상하고, 무의식에 원하는 것을 심을 수 있을까?

1953년 예일대학교 졸업을 앞둔 학생들에게 질문을 했다. "현재 당신은 구체적인 목표를 글로 써서 소지하고 있습니까?"라는 질문에 3%만 그렇다고 대답했다. 나머지 97%는 그저 생각만 하거나 아니면 아예 목표가 없었다. 20년 뒤 1973년 타임캡슐을 개봉해 졸업생들의 현재 상황을 추적해본 결과, 3%의 재산 총합이 나머지 97%의 재산을 합친 것보다 많았다. 이처럼 가장 간단하면서 효과적인 방법 중 하나는 글로 적는 것으로 내가 원하고 바라는 모습을 종이에 적는 것이다. '에이, 뜬구름 잡는 말이잖아. 웃기고 있네'라고 생각하며 실망했을 수도 있다. 나도 처음에는 그런 반응이었다. 그런데 책을 읽다 보니 그런 사례들이 한둘이 아니라 '엄청나게' 많았다. 《종이 위의 기적, 쓰면 이루어진다》라는 책에서 집을 팔려고 했던 한 남자의 사례를 소개한다.

아이와 함께 대기실에 앉아있는 동안 집이 팔리는 완벽한 각본을 그려보고는 마치 그 일이 일어났던 양 수첩에 기록했다.

'내가 부동산 시장에 집을 내놓으려 한다는 사실을 이웃이 알게 되었다. 그 이웃은 우리와 전혀 안면이 없는 여성이었지만, 수요일 오후 남편과 함께 내 집을 방문했다. 그리고 내가 제시했던 것보다 더 높은 가격으로 집을 사겠다고 말했다.'

주인공은 원하는 것이 이루어진 것처럼 글로 적었고, 그날 밤 정말 상상했던 일이 실제로 이루어졌다. 한 여성이 집을 보러왔고 그동안에 두 쌍의 다른 부부가 와서 집을 한번 둘러봐도 되겠냐고 물었다. 한 시간도 채 되지 않아 세 팀 모두 필요한 서류를 준비해왔고, 제시한 것보다 높은 가격으로 집을 사겠다고 했다. 결국 그날 자정 무렵 집은 팔렸다.

종이에 적고 이뤄진 사례는 이뿐만이 아니었다. 계속해서 책을 읽어가다 보니 의심이 점점 사라지며 '진짜 이뤄지는 게 아닐까?' 하는 생각으로 바뀌기 시작했다. 많은 책에서 무의식과 잠재의식을 강조하고 원하는 내 모습이 이미 이뤄졌다고 종이에 쓰고, 마음으로 믿고, 입으로 외치고, 이뤄진 모습을 머릿속으로 생생하게 그리면 실제로 이뤄진다는 내용을 담고 있었다. '이게 정말 사실이라면 나도 직접 해볼 만하지 않을까?' 하는 생각과 함께 머릿속에 아이디어 하나가 떠올랐다.

미리 쓰는 일기

마침 연초인 2023년 1월이었다. '올해 말에 내가 되고 싶은 모습을 미리 적어두고 영상으로 남겨두자.' 《종이 위의 기적, 쓰면 이루어진다》에서 집이 이미 잘 팔렸다고 쓴 것처럼 일기의 형태로 원하는 모습을 쓰기 시작했다. '지금 모으는 것보다 50만 원 정도 더 모으고 싶어. 50만 원 더 번다고 해보자. 작년에 20권 정도 읽었는데 100권에 도전해볼 수 있을 것 같아. 독서도 많이 했다고 적어야지.' 이런 식으로 원하는 것들을 생각하며 일기를 작성해나갔다. 많은 사람이 꼭 해봤으면 좋겠다는 생각에 당시에 적었던 일기를 여기에 옮겨본다.

2023년 초 원하는 것을 적어 영상으로 남긴 미리 쓰는 일기

〈2023년 12월 31일의 일기〉

지난 한 해를 돌아보면 나는 근로소득 외 수입으로 월 50만 원을 벌게 되었다. 독서와 글쓰기의 힘이 엄청 중요하다는 것을 깨달은 2023년

이었다. 아무리 힘들고 어려운 일이 있어도 내가 정해놓은 작은 목표를 향해서 한 걸음씩 걷다 보니 1년 만에 100권 이상의 독서라는 큰 성과를 낼 수 있었다. 너무나도 좋은 독서 모임 사람들과 멘토를 만나게 되어 궁금한 것은 언제나 바로 물어봤다. 나보다 더 좋은 의사 결정력과 판단력을 가진 멘토에게 바로 물어본 것은 지금 생각해도 너무 잘한 일이다. 건강한 생활을 해야겠다고 생각하니 운동을 하고 싶은 마음이 더욱 강하게 들었다. 매일 조금씩이라도 몸을 움직였다. 2024년 나는 퇴사할 것이다. 성공의 가능성도 확인했다. 2024년도 너무 기대되고 지금보다 0.1% 더 성장한다는 생각으로 열심히 해야겠다. 2024년도 화이팅!

이 일기를 쓸 때 그 어떤 것도 만만한 목표가 없었다. 도무지 어떻게 이 뤄야 할지 감조차 오지 않는 것들이었다. '직장을 다니면서 어떻게 돈을 더 벌어? 1년 안에 책 100권 독서가 가능할까? 여러 책에서 멘토를 만나라고 하는데 이건 도대체 어떻게 하라는 거야? 써보자. 마지막은 절대로 이뤄지지 않을 것 같은 일, 퇴사한다고 쓰자.' 이렇게 일기를 쓰고 영상으로 찍으니, 분명 될 것 같지 않은 일들인데 심장이 두근거리고 기분이 좋았다. 일기를 쓰고 거의 1년이 지난 2023년 12월 31일, 어떻게 되었을까? 나는 기적처럼 1년 전에 적었던 모든 것을 이루었다.

먼저, '근로소득 외 월 50만 원 벌기'는 영상을 찍은 바로 다음 달인 2월에 70만 원, 3월에 100만 원, 4월부터는 그 이상을 벌었다. 일본어 과

외에 도전해 생각지도 못했던 성과를 이뤘던 것이다. 책 100권 읽기는 어떻게 되었을까? 2022년 20권을 읽었는데 2023년 112권으로 5배 이상의 책을 읽었다. '미친 듯이 읽어서 100권을 넘길 거야!'라는 생각은 하지도 않았는데 재미있게 읽다 보니 100권을 훌쩍 넘기게 되었다.

워낙 내향적인 성격이라 독서 모임에 나간다는 것은 생각지도 않았다. 그런데 다른 사람들은 어떤 책들을 읽고 어떤 것을 느끼는지 너무 궁금해 평택의 오프라인 독서 모임에 한번 나가보았다. 여러 사람들 앞에서 말을 한다는 게 너무 떨렸지만, 책을 읽는 사람들이라 대화가 통하는 것이 좋았다. 각자 관심사가 다른 것이 재미있었고, 이야기를 듣는 것도 즐거웠다. 매주 독서 모임이 열리면 빠지지 않고 참여하게 되었고, 운영진까지 맡게 되었다. 1년 전에는 상상도 할 수 없는 일이었다.

'멘토 만들기'는 직장을 다니면서 불가능할 것 같다고 생각했다. 책을 읽으면서 간절하게 답을 찾으려고 노력하니 작가님과 성공한 분들을 만나게 되었다. 그들을 인터뷰하며 삶의 지혜를 조금이라도 배우려고 노력했다. 인생의 선배들은 그런 나를 예쁘게 봐주었다. 그리고 지금은 오픈 마인드라는 멘토를 만나 매일 통찰력과 지혜를 배우고 있다.

'매일 운동하기'는 2023년 1월 15일부터 하루도 빠짐없이 운동해 SNS를 통해 인증했다. 《아주 작은 습관의 힘》을 읽고 영감을 받아 '매일 아주 조금 움직이기'라고 이름을 붙였다. 너무 바빠 시간이 하나도 없다고 느껴지는 날에는 엘리베이터 대신 계단을 왕복하며 운동을 채웠다. 해외 출장으로 출국한 날에는 바쁜 스케줄에 피곤했지만 호텔에서 복근운동이라도 했다. 100일쯤 지나자 아침에 일어나면 '오늘은 어떤 운동을 하지?'라는 생각부터 하게 되었다. 400일이 지난 지금도 5분이라도 시간을 내 작은 운동을 하려고 노력한다.

마지막으로 퇴사하기는 가장 말도 안 되는 일이라고 생각했는데, 그해 연말에 정말로 퇴사를 해버리고 꿈을 향해 달려가고 있다.

그때 찍어놓은 영상을 보면서 너무 놀랐다. 말 그대로 '일기'가 된 것이다. '어떻게 적은 대로 모조리 이뤄질 수가 있지?'라는 생각이 들었다. 쓰지 않았다면 이뤄지지 않았을 일들, 내 삶과 전혀 무관해 보였던 꿈같은 일이 하나, 둘 일어나는 것을 실제로 체험하고 있다. 무의식 속에 감각과 집중력이 목표를 향해 있다. 아직 이뤄지지 않은 것들도 내가 진심으로 원하고 있고 언젠가 그 방향으로 가게 되어 적어놓은 모든 것들이 반드시 이뤄질 것이라는 것을 안다. 자신의 상상력의 한계까지 생각하고 꿈꿔보자. 당시 나에게 50만 원의 추가 수입은 내 상상력의 한계치였다. 생각하고 말한 대로 이뤄지는 것을 경험한 나는 이제 누구보다 큰 꿈을 적고 외친다.

원하는 것을 적을 때는 구체적으로!

목표를 생각하고 적고 인식하며 무의식에 심어놓은 사람은 목표를 이룰 확률이 월등히 높아진다. 목표 설정 단계에서는 생각이 매우 큰 역할을 하게 된다. 김승호 회장님은《생각의 비밀》에서 생각은 현실이고 물리적인 힘이 있다며, 목표를 쓸 때는 아주 구체적이고 단순하게 표현해서 이뤘다면 이뤘는지 알 수 있도록 명확하게 설정해야 한다고 말한다. '돈을 많이 벌겠다', '나는 부자가 되고 싶다'는 막연한 생각 대신 구체적으로 정확한 수치를 정해야 한다는 것이다. '나는 10억 원을 가진 부자가 되겠다', '나는 100억 원을 가진 부자가 되겠다', '나는 몸무게를 75kg으로 유지하겠다'처럼 말이다.

김승호 회장님은 무의식을 바꾸는 쉬운 방법으로 휴대폰과 메일 등의 비밀번호를 바꾸는 것을 추천한다. 자신의 몸무게를 75kg으로 유지했으면 좋겠다고 생각한 그는 비밀번호를 모두 75kg이 포함된 암호로 바꿨다. 한참 지나고 보니 몸무게가 실제로 75kg이 되어 있었다. 다이어트를 위해 일부러 더 적게 먹었다던가, 운동을 했다던가 하는 노력은 전혀 하지 않았고, 단지 비밀번호로 설정해서 매일 무의식적으로 패스워드를 적으며 로그인한 것밖에 없었다.

이렇게 명확하게 목표를 설정해 무의식에 깊게 각인시키고 생각하게 되면, 그 과정 자체에서 발생하는 여러 인연이 묶여지게 되고 결국 이루어진다. 그렇다면 언제 이루어질까? 그것에 대한 생각을 버리지 않는 한 반드시 이루어진다. 기억하자! 구체적으로 적어두지 않는다면 목표를 충분히 믿지 않는다는 의미와 같다.

끝으로

'다른 사람들이 좋다고 말하는 것'이나 '사회적으로 좋아 보이는 것'이 아니라 '내가 진정으로 원하는 것'이 무엇인지 스스로에게 자꾸 물어보자. 그리고 된다고 생각하고 종이에 목표를 써보라. 천진난만한 아이처럼 믿어보자. 그럼 인생에 기적이 일어날 것이다. 내 이야기와 비슷한, 아니 더 말도 안 되는 이야기는 수없이 많다. 그 이야기를 믿느냐 믿지 않느냐는 스스로 선택할 문제다. 할 수 있다고 생각하든, 할 수 없다고 생각하든 둘 다 맞다. 종이에 적은 목표는 잠재의식에 깊게 각인되어 나를 일하도록 만들 것이며, 어떤 기회가 왔을 때 엄청난 힘을 발휘할 것이다.

나를 물들이는 주변을 바꾸자

미국의 심리학자 데이비드 맥크릴랜드(David McClelland)는 통상적으로 함께하는 사람이 우리의 성공이나 실패의 95%까지 결정짓는다는 연구 결과를 내놓았다. 사람은 누구나 개인 또는 다수의 사람과 함께 어울리며 살아간다. 함께 어울리는 와중에 주변 사람들과 서서히 닮아간다. 주변 사람이 좋은 사람인지 나쁜 사람인지 인식하고 가려서 닮을 수 있는 것이 아니다. 비커에 떨어진 잉크처럼 저절로 물들게 되는 것이다.

공자(孔子)는 인(仁)을 중시하는 사람이었다. "자신에게 엄격하고 남에게 관대하라", "서로의 입장을 바꿔 생각하라", "자기를 낮추고 남을 높여주어라" 등 사랑과 이타의 인을 매우 중요하게 생각했다. 《논어》에서 인은 무려 105번이나 등장하는데, 그 어떤 단어보다 많은 횟수다. 그런데 공자는 동시에 이런 말도 했다.

친구의 나쁜 행동을 바르게 고치는 걸 못 할 시 그 친구에서 떠나라.

청년다움

남에게 관대하고 입장을 바꿔 생각하라고 할 때는 언제고 친구에게서 떠나라니? 친구의 나쁜 행동을 고치도록 돕는 것이 당연히 첫 번째다. 그러나 변하지 않는 친구들 사이에서는 만물의 영장이라고 하는 인간조차도 의지와 상관없이 집단의 힘에 휩쓸려버리는 나약한 존재다. 그러니 변하지 않는 친구에게서 떠나라고 하는 공자의 말에 고개가 끄덕여진다. 그러고 보니 인간은 지혜로우면서도 어리석은 존재다. 어떤 집단에 속해 있느냐에 따라 인생의 명암이 엇갈린다는 것을 이미 알고 있다. 그럼에도 주변을 바꾸려는 노력을 하지 않는다. 지금 누구와 가장 많은 시간을 보내며 어울리고 있는가? 자기도 모르는 사이 그 사람의 언행이나 행동을 은연중에 배우고 따라 하게 되며 머지않아 그 사람처럼 될 것이다. 가족은 선택할 수 없지만, 그 외의 집단은 굳은 마음을 먹고 얼마든지 바꿀 수 있다. 인생은 단 한 번이고, 세월은 아주 빠르게 지나간다. 지금 주어진 오늘의 이 시간은 어쩌면 나를 변화시킬 수 있는 시간인지도 모른다.

모두가 반대했던 퇴사

회사를 그만둔다는 이야기를 끝내고 주변 동료들과 인사를 나누며 마지막 직장 생활을 정리하고 있었다. 그런데 같은 부서, 다른 부서할 것 없이 너무 섣부른 결정이라고 했다.

"경력을 살려서 갔어야지. 경력도 못 살리는 곳에 왜 가? 얼마나 준대?"

"너처럼 회사에서 인정받는 사람이 없는데 대체 왜 모험을 해?"

"형 사촌 동생이 부동산 일을 해. 근데 요즘 손가락 빨고 있어. 그것도 경기 봐가면서 해야지."

직장인은 직장인의 시점에서 조언을 할 수밖에 없다. 그들에게 중요한 것은 연봉, 워라밸, 안정성, 이직 등이다. 그 관점에서 나의 퇴사는 말도 안 되는 일인 것이다. 그런데 문제는 주변 사람 모두가 하나같이 퇴사를 부정적으로 말하니 나도 부정적 영향을 받는다는 것이었다.

노란색을 보고 10명 중 5명이 검정색이라고 하면 내가 잘못 본 건가 싶어 눈을 비비고 다시 보게 된다. 10명 중 10명이 검정색이라고 하면 '아 저게 검정색이구나' 하며 자신을 속이게 된다. 나도 동료들의 말을 들으면서 '잘못 선택했나?' 혼란스럽고 걱정되는 순간들이 있었다. 내가 책을 쓴다고? 법인 대표가 된다고? 수억 원을 번다고? 다시 생각해보니 현실과 동떨어진 이야기들이었다. 지금이라도 팀장님께 무릎을 꿇고 싹싹 빌까 고민하기도 했다. 그러나 내 주변 사람은 직장 동료만 있는 게 아니었다. 지금까지 책으로 읽었던 성공자들, 만났던 인생의 선배들이 있었다. 그들의 가르침이 귓가에 맴도는 듯했다.

'안되는 이유를 생각하지 말고, 될 이유를 생각하자. 내 인생을 다 걸어도 부끄럽지 않은 삶을 살기 위해 달려가는 거야. 그게 내가 살고 싶었던 삶이야. 회사는 어차피 언젠가 그만두려고 했잖아. 시기를 당긴 것일 뿐이야. 망하더라도 하루라도 젊은 나이에 내 일을 찾을 수 있는 기회가 주어지는 거니까 좋은 일이야.'

동료들이 말하는 안되는 이유는 대개 얼마 되지 않는 돈, 얼마 되지 않는 시간처럼 작은 것이다. 그런데 되어야 하는 이유를 곰곰이 생각해보니 꿈과 비전, 행복과 자아실현에 관한 것이었다. 내가 존경하는 분들은 그런 것을 강조하는 분들이었다. 주변 사람들을 바꿀 수 없다면 독서를 통해 작가들과 성공한 사람들을 곁에 둘 수 있다. 나는 독서를 통해 정주영 회장님, 이병철 회장님, 존 아사라프, 그랜트 카돈, 켈리 최 회장님, 김승호 회장님, 일론 머스크 등으로 주변을 채웠다. 그들은 불가능을 가능으로 만든 사람들이었다. 해보고 이뤄낸 사람들이었다. 경험해보지 않은 동료들의 조언을 들을 필요는 없다. 해낸 사람의 조언을 듣자고 생각하자 퇴사에 확신을 가질 수 있었다.

20대 중반의 김 과장님 이야기

우리 회사 직원인 김 과장님에 대한 이야기다. 가장 젊고도 찬란한 20대 중반을 지나고 있는 김 과장님의 최대 관심사는 뭘까 궁금해졌다.

"과장님은 요즘 최대 관심사가 뭐예요? 뭐가 재미있어요?"

"저요? 저는 회계 자격증도 따고 싶고, 컴퓨터 활용 자격증도 따고 싶어요. 근데 요즘 책 쓰기 모임 때문에 당분간은 못할 것 같아요."

요즘 젊은 사람들은 어떻게 노는지 궁금했던 건데 자격증을 따고 싶다니….

"아뇨, 그런 거 말고 20대 중반이잖아요. 재미있는 건 뭐예요? 친구들이랑 만나서 놀고 수다 떨고 그런 게 재미있지 않아요?"

"음, 친구들이 하는 이야기가 크게 재미있지는 않더라고요. 걔들이 싫은 건 아니지만 좀 다른 것 같아요. 친구들은 게임하거나 유튜브를 보기도 해요. 저도 게임에 집중해서 잘하려고 해봤는데 머리만 아프고 재미있지는 않았어요. 저는 성장하는 게 재미있고, 더 공부해서 제 지식으로 사람들을 도울 수 있는 일을 하고 싶어요. 저희 직원들은 다들 책을 읽으니까 저도 늘 읽으려고 노력해요. 짬 내서 읽으려고 가방에 책을 넣고 다니는데 '너 또 책 가져왔냐? 야, 우리랑 놀아야지!' 하면서 놀리는 친구들이 있어요. 하하하."

가장 놀고 싶은 20대 중반의 나이대에 이런 통찰을 가질 수 있다니. 오픈마인드 님과 직원들의 영향을 받았기 때문이라는 확신이 들었다. 주변 사람들이 책을 읽으니 책을 읽게 되고, 선한 영향력을 끼치는 사람들 곁에 있으니 자신도 그렇게 되고 싶은 것이다. 나도 어릴 때부터 닮고 싶은 사람들이 곁에 있었다면 어땠을까? 생각하면서 5년 뒤, 10년 뒤 눈부시게 성장할 김과장님의 모습이 기대되었다.

주변 사람들을 혁명적으로 바꿔라

습관처럼 만나왔던 불편한 관계는 모두 끊어버려야 한다. 그리고 김과장님처럼 닮고 싶은 인물로 주변을 채워나가면 어떨까? 휴대폰을 열어 닮고 싶었던 사람에게 작은 선물을 보내 잠깐 만나달라고 하자. 어떻게 그렇게 할 수 있는지 그 사람에게 솔직하게 물어보자. 주변에 그런 사람이 없다면 독서 모임, 운동 모임, 강연 등에 나가보자. 이런 일들은 본능을 거스르는 일이기 때문에 괜찮은 사람들이 있을 가능성이 크다. 가만히 있는다고 주변인이 바뀌지 않는다. 좋은 사람들과 만나는 시간을 강제로라도 늘려서 주변인을 서서히 바꾸어야 한다는 게 내 생각이다. 그것도 어렵다면 나처럼 책을 읽어보라. 나는 그들을 정말 삼촌, 형, 누나라고 생각했다. 그들의 경험을 간접적으로 체험하며 기존의 관계는 끊어버리는 용기를 얻었고, 새로운 관계를 맺겠다는 확신을 가졌다.

끝으로 다시 한번 강조하고 싶은 것은 우리는 단지 같이 있다는 이유로 무의식적으로 닮는다. 나는 그렇게 책을 읽고 멘토를 만났는데도 퇴사를 망설였다. 함께 일하고, 식사하면서 대부분의 시간을 보내는 주변인들에게 물들어버린 것이다. 그러니 변하고 싶다면 주변 사람들을 '혁명적으로' 바꿔 인생을 바꾸자.

우리는 반드시 죽는다

당신은 몇 살인가? 어린가? 나이가 들었는가? 나이와 관계없이 우리는 반드시 죽는다. 영웅도 죽었고 범죄자들도 죽었다. 모든 철학자와 과학자들도 죽었다. 200년만 지나도 현재 지구에서 숨 쉬고 있는 80억 인구는 모두 죽는다. 지구에서 나로 살아가는 이 삶은 단 한 번뿐이다. 먼미래의 이야기가 아니다. 우리는 아무렇지 않게 당연히 내일이 온다고 생각하지만, 당신에게 내일은 없을 수도 있다. 2023년 우리나라 사망자는 352,700명이었다. 365일 하루도 빼놓지 않고 900명 이상이 죽음을 맞이했다. 당신이 이 글을 읽는 이 순간도 무수히 많은 사람들이 세상을 떠나고 있다. 우리에게 주어진 이 하루는 당연히 주어지는 것이 아닌 너무나 소중한 시간인 것이다. 죽음에 대해 냉정하게 생각해보라. 우리는 반드시 죽는다. 죽음 앞에서 어떤 태도를 취하고 싶은지 생각해본다면 삶에 대한 태도 또한 달라진다.

죽지 않고 죽은 노벨

1888년, 프랑스 한 신문에 〈죽음의 상인, 사망하다〉라는 기사가 실렸다. "사람을 더 많이 더 빨리 죽이는 방법을 개발해 부자가 된 인물"이라며 다이너마이트를 발명한 알프레드 노벨(Alfred Bernhard Nobel)을 폄하하는 부고 기사였다. 그런데 사실 이때 노벨은 살아 있었다. 그의 형인 루드비그 노벨의 죽음을 알프레드 노벨의 죽음으로 착각한 기자가 오보를 낸 것이다. 기사를 접한 사람들은 '죽음의 장사꾼'이라는 별명을 가진 노벨의 죽음을 슬퍼하지 않고 폄하했다. 노벨은 기사와 사람들의 반응을 통해 자신의 삶을 되돌아보았다.

'그저 돈을 버는 것이 전부가 아니야. 인류의 평화를 위해 뭔가 뜻이 있는 일을 하는 것이 죽기 전 해야 할 일이야.'

노벨이 자신의 죽음에 대한 기사를 보지 않았다면 나쁜 장사꾼으로 잠깐 기억되다가 우리에게서 영영 잊혀졌을 것이다. 사람은 죽을 때 어떤 모습으로 기억될 것인가가 중요하다. 지금 만약 내가 죽는다면 사람들은 나를 어떻게 기억할까? 죽을 때 어떤 모습으로 기억되고 싶은가? 그것을 생각해보는 것만으로도 당장 변할 수 있다.

죽음 부정의 법칙

로버트 그린(Robert Greene)의 저서 《인간 본성의 법칙》에서 인간은 죽음을 부정하고 싶은 본성이 있기 때문에 죽음에 대한 생각을 평생 회피하면서 산다고 한다. 우리나라도 죽음을 외면하는 사회다. 대부분의 죽음은 병원에서, 그것도 아주 극소수의 정해진 사람만이 볼 수 있다. 뉴스 등에서 절대로 누군가가 죽는 모습을 볼 수 없고, 영화에서도 죽음은 단순한 이미지의 형태로 그려지고 있다. 국내 대기업 건물 옥상에서 과로에 지친 직원이 투신 자살한 적이 있다. 시체와 흔적은 순식간에 사라졌다. 한 사람이 지워져버렸다. 로버트 그린의 《인간 본성의 법칙》에는 이런 구절이 나온다.

모든 사람이 죽는다는 사실과 그 점에서 우리는 모두 평등하며 하나라는 사실을 깨달아야 한다. (중략) 인생이 짧다는 것을 자각하고 있으면 매일매일 해야 할 일이 더 분명해진다. 이뤄야 할 목표가 있고, 완수해야 할 프로젝트가 있고, 개선해야 할 인간관계가 있다. 인생의 불확실성을 고려하면 이번이 나의 마지막 프로젝트, 지구에서의 마지막 싸움일지도 모르기 때문에 우리는 내가 하는 일에 온전히 전념해야 한다.

'어차피 죽으니 될 대로 돼라, 모든 것을 놓고 현재를 즐겨라'는 뜻이 절대 아니다. 조급해하라는 뜻도 아니다. 하루하루를 충실하고 충만하게 살기를 바라는 것이다. 죽음과 친숙해지면 고난에도 관대해질 수 있다. 우리는 살아가면서 무수히 많은 고통, 고난과 역경을 마주하며 세상이 자신을 괴롭힌다고 느낀다. 그러나 그 어떤 고통도 죽음 앞에서는 초라해진다. 죽음보다 더한 고난이 없다고 생각한다면 자신이 지금 할 수 있는 일을 찾아 고난을 깨보려고 시도해볼 수 있다. 기껏해야 죽기밖에 더 하겠냐는 생각으로 현실을 똑바로 노려보라고 말해주고 싶다.

호주에서 수년간 임종 직전 환자들을 보살폈던 간호사 브로니 웨어 (Bronnie Ware)는 자신이 돌봤던 환자들의 깨달음을 블로그에 기록해뒀다가 《죽을 때 가장 후회하는 다섯 가지》라는 제목의 책을 펴냈다. 책에서 사람들이 가장 많이 하는 후회는 '내 뜻대로 한 번 살아봤었다면'이었다. 다른 사람들의 시선이나 기대에 맞추는 가짜 삶을 사느라, 정작 사람들은 자신이 정말 하고 싶은 것을 누리며 사는 진짜 삶에 대한 용기를 내지 못했다. 대부분의 사람들이 현실에 안주하느라 좀 더 모험적이고, 좀 더 변화 있는 삶을 살지 못한 점을 아쉬워하며 죽어갔다. 가족을 위해서, 자식을 위해서, 동료를 위해서, 바빠서, 시간이 없어서, 다음에 하겠다고 이야기하며 자신의 진짜 목소리에 귀 기울이지 못한 것이다. 인생은 짧고, 오늘이 마지막 순간이라고 생각하면 지금 눈에 보이는 모든 것들이 의미 있는 것으로 넘친다. 사랑하는 사람들에게 부끄럽지만 하트 이모티콘으로 작게나마 마음을 표현하고, 스스로를 사랑하고, 긍정적이면서 열린 마음으로 세상을 바라보면 조금 더 행복하게 살 수 있지 않을까?

죽음의 D-day

며칠 전 대학 친구를 만났다. '219일' 친구의 스마트폰 배경화면에는 여자친구와 사귄 기간이 적혀 있었다. 친구는 이렇게 해두면 얼마나 사귄지 매일 보면서 사랑을 더 키우고, 1주년 같은 기념일을 잊지 않을 수 있어서 좋다는 것이다. 나도 스마트폰 배경화면에 날짜가 적혀 있다. 친구가 내 스마트폰을 보더니 깜짝 놀라며 물었다.

"24,830일? 이렇게 오래 사귄 여자친구가 있었어? 몇 년이야 도대체?"

"68년. 사귄 날짜가 아니라 내가 죽을 날이야."

나는 매일 죽음을 인식하기 위한 노력으로 스마트폰 배경화면에 죽기로 예정된 날을 띄워놓는다. 2091년 12월 31일에 죽는다고 설정해두었다.

"지금 이 인생을 다시 한번 완전히 똑같이 살아도 좋다는 마음으로 살라."

나는 니체의 이 말을 날짜 밑에 적어두었다. 2024년 7월 31일을 기준으로 앞으로 나에게는 24,624일이라는 시간이 남아 있다. 내일은 24,623일, 모레는 24,622일, 이 숫자는 계속 줄어드는 것이지 무한하거나 늘어나는 게 아니다. 그래서 나는 스마트폰 배경화면의 이 숫자를 볼 때마다 죽음을 인식하려고 노력한다. 이렇게 내가 죽음을 인식하려고 노력하게 된 이유는 일본에서의 경험 때문이다.

일본에서 유학하던 2016년, 구마모토에서 진도 7의 대지진이 일어났다. 진도 7은 일본 기상청 진도 계급의 최고 단계로 구마모토 지진은 일본 지진 관측 사상 네 번째 큰 지진으로 기록되었다. 지진 당시 집 전체가 앞뒤, 좌우로 크게 흔들렸다. 책상 위 책과 컵들이 바닥에 떨어지고 TV가 엎어졌다. 분명히 책상 밑으로 들어가라고 배웠는데 몸이 그대로 굳어버렸다. 아무것도 할 수 없었다. 선반 위에 있던 접시가 바닥에 떨어져 깨지는 순간, 죽었다는 생각이 들면서 지금까지 살아왔던 인생이 파노라마처럼 지나갔다. 그때 스치는 장면들은 누워서 쉬고 있던 장면이 아니라 내가 뭔가를 굉장히 열심히 했던 기억들이었다. 고3 때 열심히 공부하던 장면, 군악대에서 이를 악물고 악기를 연습했던 장면, 마라톤 대회에 나가서 심장이 터져라 뛰었던 장면들이 순간적으로 보였다. 잠시 후 지진이 그쳤고, 다행히 구마모토로부터 꽤 떨어져 있는 지역에 있었기 때문에 큰 피해는 없었다. 살았다는 안도감과 함께 이런 생각이 들었다.

'내가 진짜로 죽음을 맞이하는 날, 반드시 주마등처럼 다시 한번 기억들이 지나갈 거야. 마지막으로 보게 되는 내 인생의 마지막 영화를 기쁘게 보면서 후회 없이 죽고 싶어. 나는 지금 구마모토에서 한 번 죽었고, 두 번째 삶의 기회를 얻은 거야. 앞으로 사는 하루하루는 너무 소중한 하루가 될 거야.'

그날, 나는 100살이 되었을 때를 죽는 날로 정해놓고 인생을 새롭게 살게 되었다. 유학 생활을 돌이켜보면 다시 돌아가고 싶지 않을 정도로 후회 없이 살았다. 매 순간 죽음을 의식하면서 살지는 못하지만 스마트폰을 볼 때마다 문득 남아 있는 날짜를 확인하곤 한다.
'24,624일, 오늘 죽어도 후회스러운 인생만 되지 말자.'

남 눈치는 제발 그만

인간은 한 일보다 하지 못 한 일에 대한 후회를 더 많이 한다고 한다. 인간은 타인의 눈치를 보기 때문에 사람들의 심기를 거스르는 일은 하지 않고 싶어하는 본능이 있다. 김승호 회장님은 인생을 통틀어 단 두 사람의 인정만 받으면 된다고 했다. 그 두 사람은 '15세의 나' 그리고 '65세의 나'이다. 내가 어렸을 때 꿈꿨던 사람이 지금 나여야 되고, 내가 늙어서 은퇴하고 난 뒤에 '그때 나 멋지게 살았어'라고 생각하는 사람이면 더 이상 바랄 게 없는 인생을 사는 것이다. 그러니 남 눈치 보고 살 것이 아니라 미래의 나와 과거의 내 눈치를 보며 살아야 한다. 15세와 65세의 눈으로 현재의 나를 봤을 때 내가 괜찮은 사람이라면, 남 눈치 보며 하지 않는 모습이 아니라 뭔가를 열심히 하고 있는 모습일 것이다.

100세가 되는 해의 1월 1일에 죽는다면, 당신에게 남아 있는 날은 며칠인가? 인터넷 검색창에 '디데이 계산기'를 검색하고 확인해보라. 30,000일? 13,000일? 그 전에 사고나 병으로 죽을 수도 있다. 어쨌든 중요한 것은 이 숫자는 늘어나지 않는다. 반드시 언젠가는 '0'이 된다. 남아 있는 날은 행복하게 보내야 하지 않겠는가? 어영부영 살지 마라. 한 번 사는 인생, 하고 싶었던 일이 있었다면 도전하며 주어진 삶을 누리자.

삶은 당신에게 주어진 선물이다.

에필로그

나는 반년 전까지 평범한 직장인이었다. 10년 뒤, 20년 뒤가 뻔히 보이는 길 위에 있었다. 시간이 흘러 죽는 날이 되었을 때 후회하고 싶지 않았다. 나의 삶을 살기 위해 과감하게 사표를 썼고, 여러분과 글로 만난 지금은 작가가 되었다. 가치를 알아보고 현명한 투자를 할 수 있는 투자자가 되었다. 방황하는 청년들에게 방향을 제시해주고 꿈을 심어주는 멘토이자 메신저가 되었다. 이 모든 것이 퇴사한 지 6개월도 지나지 않은 시점에 이뤄졌다. 20년 후의 모습도 결정되어 있던 삶이었지만, 이제는 1년 후의 모습조차 감히 상상할 수 없는 무한한 잠재력을 가진 청년이 되었다.

청년이란 그런 것이다. 아무것도 아닌 내가 해냈다면 당신도 100% 할 수 있다. 내가 책을 쓰는 작가가 되리라고는 단 한 번도 생각해본 적이 없다. 책을 쓴다는 건 마치 100m를 9초대에 돌파하는 우사인 볼트(Usain St. Leo Bolt)처럼 되겠다고 생각하는 것과 같은, 나에게는 감히 상상할 수 없는 일이었다.

하면 무조건 된다.

책을 쓰면서 이 한 문장의 힘에 대해 절실히 체감했고 여러분에게도 꼭 알려주고 싶다. 프롤로그를 쓰기 시작한 순간부터 에필로그를 쓰는 지금까지도 내 신경은 온통 '여러분을 어떻게 움직이게 할까'에 집중되어 있었다. 내 사례가 많은 이유도 여기에 있다. 아무것도 아닌 것처럼 느껴지던 내가 생각을 바꾸고, 행동을 바꾸어 인생이 송두리째 뒤바뀌었기 때문이다. 아주 조금이라도 변화를 갈망하는 청년이 있다면 두 손을 꼭 붙잡고 꿈을 가지라고 말해주고 싶다. 실패할 가능성은 0%라고 생각하고 진정으로 원하는 목표에 '어떻게' 도달할 수 있을지에 대해서만 생각하라. 가장 중요한 것은 시작하는 것이다. 제발 시작하라. 성공의 보장이 없더라도 시작해보는 것이다. 일단 시작하면 모든 것이 변한다. 새로운 길이 펼쳐지고 반드시 기회가 온다. 시작이 두렵다고? 너무 늦은 것 같다고? 당신이 이 사람들보다 늦은가?

82세의 김정자 할머니는 대학수학능력시험 최고령 수험생으로 수능에 응시해 2024년, 손녀가 졸업한 숙명여자대학교에 신입생으로 입학했다.

할머니는 여기에 그치지 않고 졸업장을 두 개 더 받고 싶다고 수줍게 말씀하신다. 함께 입학한 꿈 많은 신입생들과 다름없는 청년의 눈빛이었다.

미국의 도로시 호프너 할머니는 무려 104세의 나이에 스카이다이빙에 도전했다. 소형 항공기를 타고 4,000m 이상의 상공으로 올라가 힘차게 뛰어내려 약 7분 만에 지상에 무사히 안착했다.

75세에 이집트 프로 축구팀에 입단한 엘딘 바흐데르 선수가 있고, 94세에 손자와 세계 일주에 도전한 조이 라이언도 있으며, 운전면허 시험에 960번 도전해 면허를 취득한 78세 차사순 할머니도 있다.

보라. 나이는 단지 숫자에 불과하다. 오늘부터 '나이'라는 개념을 기억 저편으로 던져버려라. 타인의 시선에서 벗어나 나를 위해 살겠다고 다짐하라. 자신의 꿈을 찾아 미친 듯이 달리는 빛나는 청년이 되어라. 그리고 그것을 찾아가는 과정 자체가 행복한 일이라는 것을 깨닫기를 진심으로 소망한다. 우리에게 주어진 삶은 선물이다. 준비됐는가? 이제 그 선물상자를 감사한 마음으로 풀어보자. 여러분은 달라지는 것을 선택했고, 이미 당신의 인생은 달라졌다!

나를 변화시킨 책

마인드를 바꿔준 책

한상복 《배려》(위즈덤하우스, 2006)

데일 카네기 《카네기 인간관계론》(중앙경제평론사, 2024)

세이노 《세이노의 가르침》(데이원, 2023)

이나모리 가즈오 《왜 일하는가》(다산북스, 2021)

밥 프록터 《밥 프록터의 위대한 확언》(페이지2북스, 2022)

론다 번 《시크릿》(살림Biz, 2007)

벤저민 하디 《퓨처셀프》(상상스퀘어, 2023)

이서윤, 홍주연 《더 해빙》(수오서재, 2020)

실행력을 높여준 책

이지성, 정회일 《독서 천재가 된 홍대리》(다산라이프, 2011)

자청 《역행자》(웅진지식하우스, 2022)

티모시 페리스 《타이탄의 도구들》(토네이도, 2022)

가나자와 사토시 《지능의 사생활》(웅진지식하우스, 2012)

개리 마커스 《클루지》(갤리온, 2008)

가바사와 시온 《당신의 뇌는 최적화를 원한다》(쌤앤파커스, 2018)

황농문 《몰입》(알에이치코리아, 2007)

제임스 클리어 《아주 작은 습관의 힘》(비즈니스북스, 2019)

'돈'을 이해시켜준 책

엠제이 드마코 《부의 추월차선》(토트, 2013)

롭 무어 《레버리지》(다산북스, 2017)

팀 페리스 《나는 4시간만 일한다》(다른상상, 2017)

우노 다카시 《장사의 신》(쌤앤파커스, 2012)

이즈미 마사토 《부자의 그릇》(다산북스, 2021)

로버트 기요사키 《부자 아빠 가난한 아빠》(민음인, 2022)

가슴에 꽂히는 성공자들의 책

김주난 《66일 습관혁명》(이지퍼블리싱, 2022)

곽근호 《착한 사람이 이긴다》(한스미디어, 2019)

곽근호 《변화하는 사람이 이긴다》(북코리아, 2021)

고명환 《나는 어떻게 삶의 해답을 찾는가》(라곰, 2023)

고명환 《이 책은 돈 버는 법에 관한 이야기》(라곰, 2022)

김양구 《오르는 땅은 이미 정해져 있다》(매일경제신문사, 2022)

김양구 《오르는 땅의 비밀노트》(매일경제신문사, 2023)

김양구 《생각이 운명을 가른다》(두드림미디어, 2024)

정주영 《시련은 있어도 실패는 없다》(제삼기획, 2009)

켈리 최 《웰씽킹》(다산북스, 2021)

이병철 《호암자전》(나남, 2014)

김승호 《돈의 속성》(스노우폭스북스, 2020)

김승호 《사장학개론》(스노우폭스북스, 2023)

이건희 《생각 좀 하며 세상을 보자》(동아일보사, 1997)

청년다움

제1판 1쇄 2024년 9월 13일

지은이   신영재
펴낸이   한성주
펴낸곳   ㈜두드림미디어
책임편집 우민정
디자인   얼앤똘비악(earl_tolbiac@naver.com)

㈜두드림미디어
등록   2015년 3월 25일(제2022-000009호)
주소   서울시 강서구 공항대로 219, 620호, 621호
전화   02)333-3577
팩스   02)6455-3477
이메일   dodreamedia@naver.com(원고 투고 및 출판 관련 문의)
카페   https://cafe.naver.com/dodreamedia

ISBN   979-11-93210-98-7 (03190)